有毒的男子氣概

從希臘英雄到現代新好男人，
歷史如何層層建構「男人」的形象

倫敦大學歷史高等研究院博士、
換日線「本初子午線觀察記」專欄作者

盧省言（安妮）→著

推薦序

進得了廁所，擺得上書架的男子氣概史

馬雅人（馬雅國駐臺辦事處 PTT mayaman）

某個燥熱午後，我滴著現代社會象徵著男子氣概的汗水，滴在現代社會非男子氣概的腰間贅肉上。滑開手機收到盧省言的訊息。原來是她的新書《有毒的男子氣概》付梓，希望身爲生理男性的我，可以掛名推薦這本書。女性有求於男性，男性拔刀相助，頗有中世紀騎士精神。當然馬上一口答應。

看著題名《有毒的男子氣概》，配合作者生理女性的身分，以及現代台灣社會女權逐漸抬頭的論述氛圍。本以爲大概是本批判歷史上男子氣概如何壓迫女性，進而女性從「男子氣概暴政」中逐漸掙脫覺醒的過程吧！閱讀之前，我泡了一杯咖啡，準備好被砲轟一波。

沒想到讀完序言，不禁落淚。從她的口中，娓娓道來一個生理男性被男子氣概「穿透」的苦難與焦慮。省言是個如此特別的女性，寫書自然是不落俗套的。就像她常常跟我說的，她要寫，就要寫一本萬世流傳的著作，絕對不想在二手書店看到自己的書被賣掉。但也要進得了廁所，擺得上書架。

無論是古代希臘的同性戀者，還是中世紀不能結婚、不能自慰、不能上戰場的神職人員，或是私密閨房中的性無能者，需要在法庭上由村裡幾個「誠實婦女」檢驗性能力。我們都看到男性面臨「男子氣概」緊箍咒時，邊緣人、弱勢男性的無奈。但我們也看到這些男性的能動性，例如以侍奉神的「神聖」，取代希臘羅馬以來的男子氣概觀。在書中也看到男性最軟的那塊，當戰爭的殘酷，連跟梁靜茹借的勇氣都不夠用的時候，對於逃兵、砲彈休克症的道德思辨也應該要展開。省言用她極爲強大的語言能力，旁徵博引，用語意直入各項觀念中深層的思想意涵。

我想在傳統社會中，總是有許多對於男性角色的期待。其中，最複雜的莫過於

「男子氣概」的建立。像是小到個人情緒「男兒膝下有黃金」、「男兒有淚不輕彈」，大到「保家衛國」、「賺錢養家」。與其說男性英雄只有享受到男子氣概給予的權力，也別忘了更多男性也在承受男子氣概帶來的苦。男子氣概如同雙面刃，這是我讀完這本書後，不斷縈繞在腦中的一個感想。盧省言在書中，如同慈母一般，字字句句都在提醒我們生理男性，看著眾多男性「英雄」展現著男子氣概的同時，別忘記自己因為男子氣概正在遭遇的苦難。

不過也有不少男性像王爾德一樣，一眼看出男子氣概實際上也是壓迫男性的口號，而只有當我們真正放棄何謂女性特質、何謂陽剛特質的主張，才能減輕男性長久以來背負的壓力。

當讀到書中的這段話，我停留許久。歷史可以提供現世生活的一點指引，這是歷史系學生琅琅上口的價值，但是能做到的作品卻很少。這種追求陽剛的過程，正是上述那種壓迫感的來源。真正的兩性平權，應該是放下男性特質與女性特質後，兩性才能得到眞正的自由。當我們擁有眞正的自由後，才有兩性平等的社會。

還記得在中美洲，當地人教我的第一句西班牙語髒話就是「你這個娘娘腔」。所以，在男性的世界中，被外部化成爲一個女性，或是成爲「被穿透」的對象，是一件極爲侮辱的事情。透過這本《有毒的男子氣概》，讓我爲時已晚的恍然大悟，古希臘中穿透與被穿透觀念的釐清，分別了生理性別之外，男子氣概如何在同性之外運作，並且產生支配與被支配的關係。又或是紳士的禮節型男子氣概的討論，當時人著重與焦慮的點恐怕是這些行爲是否更具有陰性特質？這似乎是一種社會角色的消滅。盧省言這本書能夠如此同理我們生理男性遭遇的壓力，實是本書的特色之一。

進一步說，我發跡的ＰＴＴ網路論壇，今日可說已經成爲厭女、反同的天地。母豬教、蘇美戰神、霸社等歧視女性的言論，竟成爲主流。身爲中學教師的我，不免也思考，是否性平教育失敗？這些平台的使用者，可能是年輕人，也有許多已經有了家庭、工作多年，卻能會在匿名的虛擬社會中，說出自己平時不會說，或說不敢說的話。

作爲打滾多年的重度使用者，我一直很疑惑裡面的厭女者、恐同者如何形成？在今日拉美父權的力量比起台灣強烈太多，劉易士《貧窮文化：墨西哥五個家庭一日生活的實錄》中，提到一個在阿茲特卡村莊家庭的故事，父親在家內具有家父長的權威，生活卻不順遂，於是回過頭來以父權支配女性家人。生活不順遂，實則有損家父長的「男子氣概」，反而使他回頭壓迫、加強支配家庭中的女性。無論世界上的哪個地方，男性在這個一體化的世界中，時常面臨同樣的問題。雖然說書中的例子多半是歐美歷史，但是讀起來還是能夠連結亞洲、美洲的一些現象。

書中提到的「有毒的男子氣概」或許提供了我的疑問一把解答的鑰匙。同爲父權的被壓迫者間，弱弱相殘，其實根基於「男性對於自身男子氣概消失後何去何從的焦慮」。台灣可說是亞洲女權名列前矛的國家，無論是同性婚姻合法化、通姦罪除罪化、各種女性權益的立法保護，雖然不到盡善盡美，落實上也還有一段很長的路要走，但說成績不俗，倒也合理。面對這樣的局勢，男性「有毒的男子氣概」，就在許多方面冒出來。當青少年需要建立自己的男子氣概時，有少部分人便以自己敢打伴侶或是恐怖情人的面向表現；有些則是以批評各種女權運動、「噁心甲甲」的方式呈現。這些都反應一些受壓迫的男性，追求男子氣概的焦慮。這麼說起來，「有毒的男子氣概」還有點像是魔戒，令人瘋狂。

作爲一個生理男性，讀著一本生理女性書寫的「男子氣概」的歷史，著實有趣。對與性別平等之間的思辨是滾動的，或許以前對於女權有許多誤解。不過從何時開始都猶時未晚。我認同書中對於男性也是受壓迫者的書寫，但不代表我認爲父權、男子氣概來壓迫女性是正確的，我正是書中的「支持女權的男性支持者」。最後，我誠摯的推薦這本《有毒的男子氣概》，並且改編甘迺迪、捷克議長的一句話作結：

我們都是「女權主義者」。

推薦序　這樣的男子氣概，有毒!?

王宏仁（中山大學社會學系教授）

最近學校某女同事來信說，因爲家庭因素，無法參加某個共同計畫。她說：「先生是比較保守的人，希望我可以以家庭爲重，單純的教書、研究就好。」我心底不免在想：爲何不是她老公「以家庭爲重，單純的教書、研究就好」，然後讓太太可以多專注在事業發展？

一對結婚很久的朋友，最近出現婚姻危機。兩位都是事業有成人士，而男方傳出辦公室戀情，要求女方搬離開住家。我想說，那就好聚好散吧，既然不再有感情，這麼大的人，處理感情分手，應該可以很成熟。不過側面得知，男方並不願意離婚，因爲有損他的面子，甚至在其個人臉書上，仍放著夫妻兩人的親密照片，一切好像沒事，這讓女方更加痛苦。

這種非常八點檔連續劇的故事，似乎也不令人意外。故事男主角往往希望維持一個「主流男子氣概」（或有人翻譯爲陽剛氣質）的形象：異性戀、愛家愛老婆愛小孩、學業事業有成、孝順父母、熱心參與公共事務。爲了達到社會期待，男人費盡洪荒力氣。但是，這麼努力想要達到男性的巔峰，並非有個具體的人在旁邊鞭策他，而是自己內化了霸權男子氣概認同，因此要時時刻刻糾正、常規化自己的行爲、思想，不能脫軌，如果稍微脫線，就必須趕快進行「印象整飾」，才不會淪落爲「不合格的男性」！

當個成功的男性很辛苦；然而，受到「有毒」男子氣概影響的女性，則更加痛苦。

➔ 有毒的男子氣概，跟中共一樣

這也讓我想起幾年前離婚的朋友。其前夫也是社會認定的「成功人士」，有博士學位，在大學任教二十年後，研發技術有成，受到資本的青睞，跳離學術圈在外開設一家上市上櫃公司，擔任董事長兼總經理。但在這種光鮮亮麗的外表之下，卻是跟中共一樣，需要他人下跪崇拜。

離婚前，朋友是公司老闆娘，負責公司大小事務，也要應付來自先生二十四小時的無理壓力。例如公司經營必須進用有能力跟效率的人，但先生就是要聘用自己的親人。某年，這位朋友因爲癌症開刀，先生前往醫院探望她，被婉拒在外，只好跟其他人聊天，然後對這些人說：「她自己想不開啦，要不然離婚對兩人都好！」

過了幾個月，在子女催促下，這位朋友決定分居，考慮離婚。但離開一段關係並不容易，涉及許多財務跟感情。她說：「說眞的，自己也會害怕，不知道離婚後會如何面對新的社會環境，何況還有一個十三歲的孩子。」許多旁人則從財務的角度勸說：「妳現在離婚就什麼都沒有。這家公司是妳一手建立的，兩手空空，只是讓對方得到好處而已。」於是她不斷擺盪在離與不離之間。

後來是成年兒子押著她去戶政事務所跟先生離婚。現場的她仍然很猶豫，不斷想起過去三十幾年投注的心力，難道就付諸東流了嗎？離婚協議書上沒有寫任何條件，只有先生口頭承諾每個月支付六萬元的贍養費（這包含扶養未成年小孩的費用）。僵持了一個多小時，戶政人員也覺得煩，要他們回家討論好再來。後來她依舊含淚簽了名，結束這一段關係。簽名後，前夫哭喪著臉對戶政人員說：「是她要離婚的啦，不然我也不想離。」

過了一個月，他就跟另外一名女性同居了。

然後直到前幾周，他還在跟其他人說：「我是被離婚的！」

跟前述的例子一樣，男人一方面要拿到實質的東西（離婚），另一方面又要面子（都是對方的錯）。朋友前夫更誇張的是，只要家人不聽從他的想法，便會使用不同的暴力（包含精神的）來壓迫、控制。例如離婚後，兒子婚宴，他堅持要參加，說好要包大額禮金作爲賀禮，但是婚宴當天沒讓他上台發言，這個賀禮便消失了。

小女兒不想再跟他見面吃飯，就立刻停止給她零用金。這種有毒的男子氣概，不就跟中共一樣嗎？我們是「一家親」，但是如果你不聽我的，我就家暴你：丟你飛彈、不給你疫苗、阻礙你發展。

➔ 策略性的男子氣概

那麼是否有「無毒」的男子氣概呢？書中提到，越是父權的地方，霸權男子氣概就越毒；換言之，也是有可能出現無毒的男子氣概，這要看霸權男子氣概放在什麼社會脈絡底下運作。

周婉窈教授寫的《台灣歷史圖說》提到，日本以武力占領台灣時，遭遇台灣人民頑強抵抗，「抵抗外侮是民族精神的根基。當割台的消息傳來，台灣民眾憑著他們素樸的保衛鄉土的觀念，以傳統武器對抗近代式軍隊，雖然『愚不可及』，卻正是一個民族追求獨立自主的精神所在。」（三版，頁一二〇。）這種說法讓我深思許久。我對於這一時期的歷史，除了辜顯榮「開城門迎敵」的吳三桂印象外，也來自於我母親說過的故事：外祖母住的台南學甲地區，以前非常多「盜匪」，盜匪把坐在門口曾祖母耳朵上的金飾硬扯下來奪走。但是日本人來了以後，治安就變好了。

過去我一直認爲，日本占領台灣的初期，建立了一套新的社會秩序，也懲治那些依靠搶奪生存的匪徒。但周婉窈教授寫的這一段話，卻推翻了我長久以來對於「盜匪」的印象：原來武力抵抗殖民者，即使動機非常複雜，但卻是很重要的「民族精神所在」。這就如同日前的港人梁健輝，在香港「回歸日」刺傷一名警察而後自殺。我們該如何解讀此事件？或許也有人認爲他「愚不可及」，但從另一角度來看，這樣的陽剛男子氣概也讓人動容：爲了捍衛民主、自由、人權，當用盡其他手段仍無法撼動獨裁者時，可以怎麼辦？

也許霸權男子氣概，在承平時期對於性別關係是「有毒的」、在部隊之中也可能造成恃強凌弱、在家庭中強化父權的支配；但如果放在對抗殖民、外來的侵略，那麼這樣的「勇氣、堅韌、榮譽……」男子氣概，也應該值得我們尊敬。我的想法是：男子氣概是關係性的、可以策略性運用（strategic masculinity），而不是本質性的認定霸權男子氣概是有毒的。這樣的觀點，可以跟本書的「兩次世界大戰與男人：重新審視男性的脆弱」章節做對照，該章節提供此問題的西方案例，以及另類思考的可能性。

當大塊文化編輯陳怡慈小姐寫信問我，是否可以為此書寫推薦序時，我稍微猶豫了一下，畢竟國內還有許多相關研究學者比我更適合；但知道作者是盧省言博士後，便燃起閱讀的動力，以前讀過她的幾篇文章，生花妙筆，非常精彩，用最平易近人的語言解說複雜的議題，這才是功力所在。此書絕對不會讓你失望，從古代希臘的雅典、斯巴達、中世紀的不婚教士，到二十世紀恐怖戰爭下的男人，透過一個個故事，讓讀者理解此概念的變化，也順便理解歐洲的歷史變遷。讀完後，讀者一定跟我有一樣的想法：請盧博士繼續寫《東方的男子氣概史》。

目錄

content

序

二〇一三年的一月，我連滾帶爬地修完歷史碩士班第一學期的課，正坐在愛丁堡大學的宿舍裡，做好下學期也是打泥巴戰的準備，瀏覽著下學期的選課。在一些常見的主題中，挑了一個對我來說極為陌生，看起來卻意外有趣的主題：歐洲中世紀的男子氣概史（Medieval Masculinity in Europe）。事實上，在我大學以及碩士的生涯中，還沒有遇過專門講授性別史的課程。或許這聽起來很可笑，畢竟後來我的碩士論文討論了男性，博士論文則做起女性。直到現在，我在履歷上的專長領域，都會塡上性別史。但深究起來，若是沒有當初這門男子氣概史，我大概也不會踏進性別史這條路。

和女性史比起來，男人史發展較晚，但在一九八〇年後，歐美學術界越來越多人研究男人史，可惜在台灣，卻鮮少人談及。雖然有不少學者致力於中國男人史的研究，但西方男人史乏人問津。因此，大概不難想像對於剛接觸到這主題的我，有多麼興奮多著迷。

相對於多從壓迫角度出發的女性史，男性史的研究雖然也著重在父權體制對男性看不見的壓迫，但出發點更爲多元。例如，本書會談論矛盾的父子關係、服裝對於男子氣概的影響、男性在訴諸原始暴力跟後天禮儀之間的掙扎等等。事實上，史料中少有清楚描述男性受壓迫的文字，因此史家們只能從各種角度剖析男人在歷史上是如何被形塑。在研究過程中，也非單一地接受男性受壓迫的訊息，而是在閱讀男人們如何默默地接受，並且努力達成自己所處時代對男人的要求。與此同時，我們也看見男性如何在父權體制下成爲受害者及加害者，並以此對照女性史。以生理性別來說，女性史已蓬勃發展，但當缺少另一性時，性別史便難以完整。台灣學界目前放了不少心力在女性史、女性研究，甚至是有關 LGBT 族群的研究也正急起直追，但唯獨缺了男性史。而這也是弔詭的地方。或許是因爲性別史一開始是以女性的角度出發，並搭著女權運動的順風車，因此很多男性對於任何有關性別的論述反感，其中當然包括性別史。再加上近年興起的LGBT研究，不少男性害怕一碰觸性別的研究，就會被以異樣眼光看待。

「我鋼鐵直男，怎麼會去看這種東西！」

「又不是gay，怎麼會看這種性別的書？」

「幹嘛要看有關女權的書？你支持女權自助餐喔！」

諸如此類的評論，相信各位或多或少都聽過。不少符合傳統定義的「直男」對於性別既感冒又彆扭，甚至在學術界也是如此。以女性史來說，不論在歐美或是台灣學界，都是女性學者較多。當然，歐美的情況較好，不少男性歷史學者都願意爲女性史貢獻心力。而在男性史的部分，男女學者的比例則是旗鼓相當。以歷史角度研究兩性的一個好處是，它不見得會打著被壓迫的旗幟以賺取讀者的慷慨激昂；因爲對歷史學者來說，這些是事實以及史家的論述。以中古世紀來說，女性地位低落就是事實，這沒有什麼好爭辯或是批評的。歷史學家能做的只是闡述事實，並告訴讀者，今天女性的地位是怎麼在父權體制下發展的。

男性史也是。本書並不是要講男性多麼委屈，在父權體制下受到壓迫，只能默默忍受。本書只能稍微闡述父權體制從古希臘羅馬到當代是如何影響男人，當今社會中男人擁有的權力、所受的壓迫是如何在歷史中不斷累積並流傳至今。本書若能起一點作用，那便是期待以往對自身以及性別避而不談的男性能夠拾起這本書，看看自己從何而來（當然，更歡迎各位女性來閱讀本書）。

導論

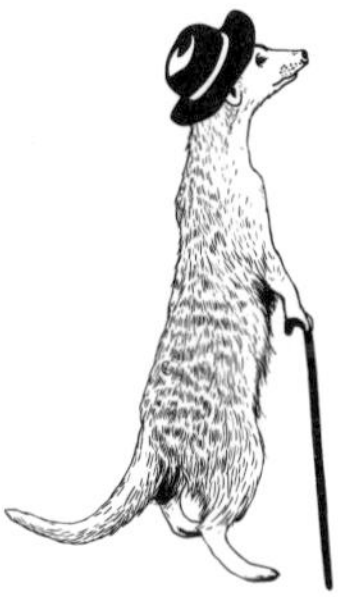

什麼是男子氣概（masculinities）？

簡單來說，就是一個社會期待男性該表現出來的行爲。[1]

在不同的文化及時代裡，對於男子氣概的定義也會不同。以男人的鬍子爲例，在古希臘羅馬時期，蓄鬍是男子氣概的象徵，但在十六世紀的歐陸，鬍子所代表的意涵是野蠻、無教化的，任何受過教育的男人都必須避免蓄鬍，尤其是落腮鬍。男子氣概就如同我們所稱的「社會性別」（gender），和與生俱來的「生理性別」（sex）不同，是透過社會建構出來的。一位生理性別爲男性的人，在社會性別的認同上可能是女性，因此表現出來的行爲會向外散發「我是女生」的訊息。社會性別的內涵深受文化的影響。社會將某些行爲定義爲「男性」，反之，某些行爲則是「女性」的象徵。

但社會性別並非一成不變，而是浮動的，如同對兩性的審美觀會隨著時代而改變一樣，因此，一百年前對男女的標準當然不會適用於當代。也就是說，男子氣概是流動的概念，一個男人是否具有男子氣概，端看其所處的社會而定。英國中世紀對於男性的期待和維多利亞時期有何不同？又，十八世紀殖民地的男性又是如何看待自己，及何爲眞正的男人？因此，本書的目的爲探討男子氣概從古希臘羅馬到當代歐洲的定義流變，進而探討政治與宗教如何影響社會對男性的期待，並從不同面向剖析各時代的男子氣概。

男子氣概相對於女性特質（feminity）而生，表現形態也不只一種。學者柯瑞爾（R. W. Connell）指出，男子氣概可以分爲許多不同面向，如多元性、集體性、霸權性、階級性、層次性、主動與被動等，在在顯示男子氣概的表現是多元的，而這也是爲什麼本書將男子氣概的英文寫做複數形式（masculinities），而非單數（masculinity）。柯瑞爾也提出所謂的「霸權陽剛」（hegemonic masculinity）概念，意即社會對於一理想男性的期待。只有極力向這些期待靠攏的男性，才是社會認可的男人；相反地，其他拒絕、無法達到這些期待的男性，就是「不夠格」的男性。擁有霸權陽剛的男性能藉此成爲支配者，占據階級的最上端，成爲「男人中的男人」。學者亞歷山大・施巴德（Alexander Shepard）也提出了四種男子氣概的形式：家父長支配者、被家父長支配的男性、反對父權體制下的家父長者，以及非主流的男子氣概。[2] 最後一種男子氣概在歷史中不斷和霸權男子氣概對抗，例如本書所介紹的中世紀神職人員的男子氣概——神職人員由於戒律而無法行使正常男性對軍事、政治及女性的支配權，因此發展出另一套「男子氣概」的定義，認爲眞正的男人是那些能爲主守貞、對抗男性自身性慾的人。以男性爲支配者的父權體制事實上造就了今日的性別刻板印象，而在今日，我們會以「有毒的男子氣概」（toxic masculinity）來形容深信且表現性別刻板印象的現象。而透過歷史，我們可以淸楚地看見「男人」是如何層層被建構，如何成爲今日學者口中的「有毒物」。

霸權陽剛作爲父權體制的核心，使男性透過支配女性與比自己地位低下的男性，藉此讓展現男子氣概的行爲合理化。事實上，「支配」是男子氣概中的核心元素，尤其是對政治、女人、性及軍事的支配權，更是男性在歷史中不斷被期待該擁有的特質，而父權體制也是建立在上述不同面向的支配上。本書會談論男性如何透過支配同性及異性來建構男子氣概，也會討論男孩如何學習在生活各方面成為支配者。

男子氣概研究或男性史是一門相對新的領域，男子氣概（masculinity）一詞直到一七四八年才被創造出來。[3]和女性史或女性研究相比，男性史及男人研究發展甚晚，可以說男性研究是要作為女性研究的對照而誕生，在女性史蓬勃發展的一九六〇至一九七〇年代，人們開始想要了解男性史的重要性，亟欲知道男性在父權體制中所扮演的角色。在父權社會中，是否每個男人都有權力？是否每位男性都想要權力？男子氣概的表現在不同的文化、族群及階級中有什麼差別？這些問題的背後其實直指一個核心：男性史是無所不在，卻也不見蹤跡的。「歷史」這個詞的英文（history）常常被解釋為「男人的歷史」（his story），這是因為歷史多由掌權的男性書寫，裡面少見女性的蹤跡。但事實上，文字留下的歷史多是關於上層階級的男性，一般、甚至是地位較低下的男性鮮少在歷史上留下紀錄，更遑論被看見。我們熟知男性統治者的光輝，卻看不見身為一般男性的掙扎。其實，父權體制是建構在同時對男性及女性的剝削之上，若要進一步認識女性一直以來受到的壓迫，便不能不研究男性一直以來也遭受了多少壓力。女性受壓迫的歷史是衆所周知的，或許路上隨便一位非歷史系的學生都能猜出女性在中世紀備受壓迫。中世紀有不少關於妻子被嚴重家暴的司法案件，卻鮮少看到男性被妻子家暴的案件。事實上，這種案例並非不存在，而是在中世紀，任何被家暴、或體能上無法打過妻子的男性，都會被認爲「不是個男人」。又，在中世紀的英格蘭，寡婦在丈夫過世後，可以請求其生前三分之一的財產，若爲鰥夫，則是直接接收亡妻生前的所有財產。而縱觀中世紀的法庭紀錄，有成千上萬筆寡婦請求亡夫遺產的案子，丈夫請求妻子生前財產的案例卻寥寥無幾。案件的缺乏並非代表男性輕而易舉就能接收亡妻的財產，或許實際上困難重重，卻礙於社會加諸於男性身上的壓力，導致他們不敢上法庭。

研究男性史的困難在於，記載男性所遇到的困境的檔案相較女性少之又少。父權體制加諸於男性的困境，並不亞於對女性的壓迫，只是男性長久以來被社會教導要成爲支配者，導致他們無法大聲說出遭遇到的困難，更遑論寫成文字記錄下來。因此，爲了重新建構男性在過去的活動，以及他們所表現的男子氣概，就必須從不同面向著手。本書會從政治、宗教、服裝、文學、娛樂與文化等角度切入，討論男子氣概在古希臘至二次世界大戰這段時間的長河中，是如何被建構、被學習並展現。本書將以時間爲發展主軸，分作三大塊：古希臘羅馬、中世紀與文藝復興、近現代，讓讀者能從古文明的發源開始理解，「何謂一個男人」的標準是如何受到其所處社會的文化的影響，而漸漸形塑出今日的男性。

的確，本書所討論的對象只限於西歐，且礙於語言關係，不少篇幅都集中在英格蘭。我的研究領域無法將更多值得探討的地方寫進本書，但碎鏡爲史，本書的目的是成爲一本概論性的磚，以期日後吸引更多深度討論的玉。畢竟，只著重在女性的性別史並不完整，只有在我們也看見男性的掙扎與困難後，才能看見父權體制對兩性的迫害，並釐清今天兩性各自承受的壓力從何而來。在不斷喊著進步平權的當代，或許要等兩性一起從各自所受的性別期待解放出來後，我們才有可能往前走。

1 游美惠，〈攸關陽剛與陰柔〉，《陽剛氣質：國外論述與台灣經驗》（巨流：2012），47。

2 Ibid.

3 Alexander Shepard, 'From Anxious Patriarchs to Refined Gentlemen? Manhood in Britain, circa 1500-1700', *Journal of British Studies*, 44.2 (2002), 281-295.

西元前

30 世紀
|
前 1 世紀

城邦政治與英雄主義：古希臘的男人

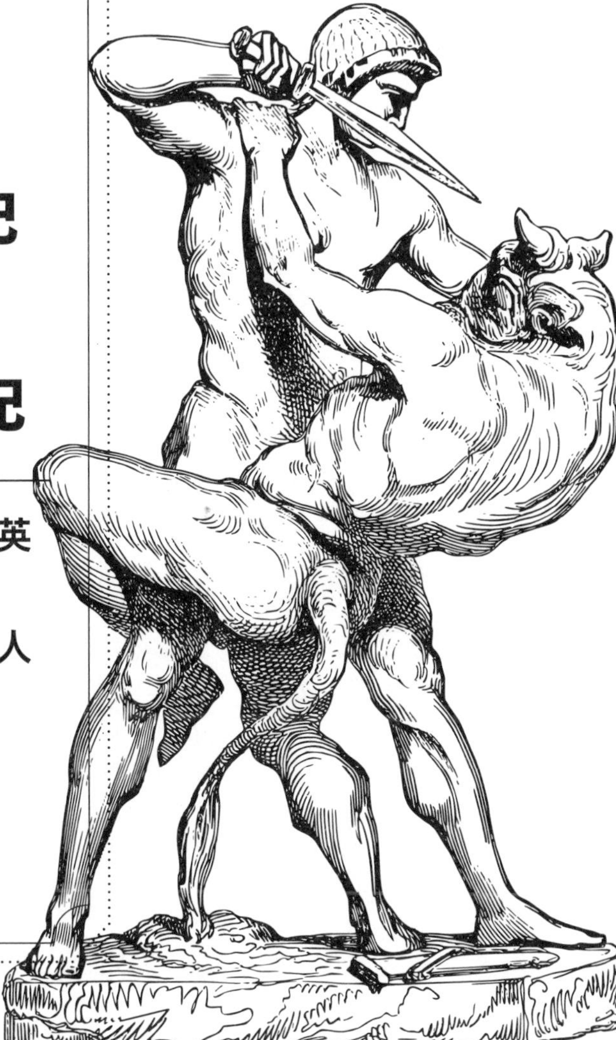

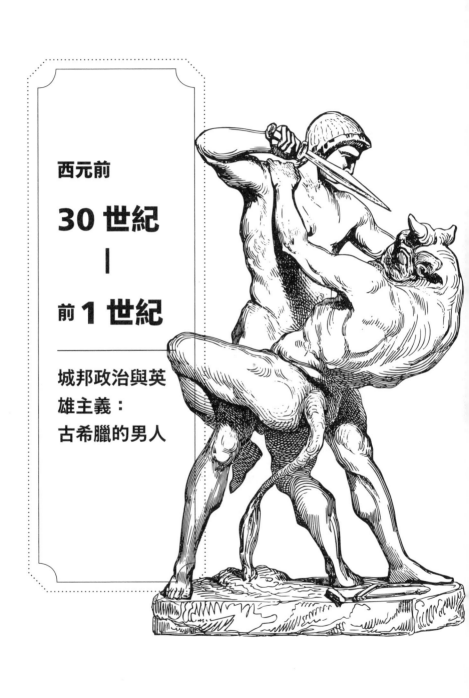

男人和英雄

男人。

荷馬史詩《奧德賽》（*Odyssey*）開頭的第一個字即是男人（*ἄνδρα*），而荷馬的另一巨作《伊里亞德》（*Iliad*）的第一個字是憤怒（*μῆνις*）。這兩部史詩刻畫出了人類在千年以前對於一位合格男性的期許，並且不斷傳頌至今，改編成不同文學以及電影。即便以今日的眼光來看，古希臘塑造的英雄形象仍毫無違和。

但鮮少人去深究，什麼樣的男人是英雄？而什麼樣的英雄是荷馬史詩中所歌頌的？

憤怒與男人這兩個字，不只分別概括了荷馬這兩部史詩的精髓，也讓我們窺見在久遠的古文明時期，男人是如何被定義及傳頌。《伊里亞德》通篇圍繞著阿基里斯（Achilles）的憤怒而轉，而《奧德賽》則是以一個男人的冒險爲主軸，敘述主角奧德修斯（Odysseus）如何在歷經苦難後，終於回到忠貞等待他歸來的妻子身旁。

創作於西元前七至十二世紀的《伊里亞德》及《奧德賽》塡補了人們對於古希臘男子氣概的想像，也就是英雄主義。不論是阿基里斯還是奧德修斯，兩者都天生勇武過人，阿基里斯甚至是半神半人，在戰場上攻無不克，所向披靡。[4]

學者安琪拉．霍布斯（Angela Hobbs）分析，若要用簡單一句話表示古希臘的男子氣概，便是「戰無不勝」（Excellence in Battlefield）。[5]在此一概念下，男人必須要有精湛的武藝，並將武藝發揮在戰場上，保家衛國。戰無不勝也清楚地反映在阿基里斯及奧德修斯身上。阿基里斯是希臘第一勇士，也是海洋女神特提斯之子；奧德修斯則是伊薩卡島之王，其父親是天神宙斯（Zeus）的孫子。奧德修斯被描寫爲武力及謀略兼具，也是戰無不勝。我們可以說，若沒有阿基里斯及奧德修斯，特洛伊戰爭的結局可能就會改寫，希臘盟軍也不可能攻下特洛伊。個人式英雄主義色彩貫穿了兩部史詩，給讀者一種古希臘崇尚個人榮耀及英雄主義之感。「荷馬式英雄」（Homeric hero）一詞，更是以阿基里斯爲中心，展現出一位英雄應有的特質——追求經由戰場獲得的個人榮耀。

對於個人式英雄主義的批判

但關於古希臘的男子氣概這個問題，學者芭芭拉．蓋茲歐希（Barbara Graziosi）及約翰．侯伯德（Johannes Haubold）於二〇〇三年提出了不同見解。[6]

透過分析 ἀγηνορίη 以及 ἠνορέη 這兩個詞，蓋茲歐希以及侯伯德認爲荷馬史詩中其實隱含了許多對個人式英雄主義的不贊同，尤其是當英雄因過度追求個人榮耀而影響到群體利益的時候。ἀγηνορίη 意爲「過多的男子氣概」（excessive manliness），這種過度的男子氣概就像動物的本能，雖是與生俱來，但缺乏理性，完全只憑衝動。而 ἠνορέη 意爲「正向的男子氣概」（manliness、courage、valor），同 ἀγηνορίη 一樣，

ἠνορέη 也是與生俱來，但它是一種帶來正面影響的天賦。好的情況下，ἠνορέη 能幫助一個男人，甚至是爲整個軍隊增添信心，但當一位男人太過相信自己的 ἠνορέη，便會對群體帶來危害。[7] 本書暫且將 ἀγηνορίη 翻譯爲「血氣方剛」，ἠνορέη 則譯爲「天生的勇氣」。

由此可知，天生的勇氣可好可壞，而血氣方剛多數時候則帶著負面色彩，形容的是一種不顧群體利益、缺乏理性的勇武。在《伊里亞德》第十二章，當特洛伊王子赫克特（Hector）跟希臘盟軍對峙時，他被形容成一頭魯莽的野獸，不知如何安排戰場上的停損點，而荷馬敍述赫克特最終會被自己的血氣方剛殺死。[8] 在描寫阿基里斯時，荷馬對於血氣方剛的不認同也是顯而易見。事實上，《伊里亞德》就是以阿基里斯的意氣用事爲開端：希臘盟軍的指揮官阿格曼儂（Agamemnon）搶走了阿基里斯特別喜愛的一名女奴，他因而跟阿格曼儂賭氣，拒絕上戰場。阿基里斯心高氣傲的個性，也是他被稱爲「希臘第一勇士」的陰暗面。又，當阿基里斯殺死赫克特，終於爲自己被赫克特殺死的表弟派翠克魯斯（Petroculus）報仇後，他將赫克特的屍體綁在戰車後拖行示衆。此舉激怒了支持特洛伊方的太陽神阿波羅，於是阿波羅憤怒地批評阿基里斯就像頭飢餓的獅子，過度相信自己的力量及血氣方剛，絲毫沒有羞恥心。[9]

在故事一開始時，阿基里斯因自己的女奴被希臘盟軍的指揮官阿格曼儂搶去，負氣拒絕出戰，就是爲了要讓衆人體會，「少了我阿基里斯的希臘盟軍便無法獲勝。」也就是說，阿基里斯仗著自己過人的武力，吃定希臘盟軍需要他，而以此作爲報復。他進一步表示，自己的內心告訴自己，他應該要回去家鄉，不再爲可恥的阿格曼儂出戰。[10] 由此可看出，血氣方剛代表一個男人以自我爲重心，自傲且不合群，把個人的自尊心放在群體利益之前。

不可否認地，《伊里亞德》的主角是阿基里斯，而這部史詩也是在歌頌他的勇敢，但如同學者蓋茲歐希及侯伯德所述，血氣方剛在這部史詩裡一直被用來描述阿基里斯或其他英雄的「不合群」、時常把個人榮耀置於群體利益之前的行爲；反倒是不太被後世視爲英雄典範的阿格曼儂，在故事的開端便展現出領導人的特色。在第五章中，他不斷告誡士兵們要勇敢，要把同袍的利益跟安危放在第一位，如果不顧群體利益，那麼就毫無榮耀可言。[11]

若要定義荷馬筆下的英雄，勇猛、不畏懼戰爭絕對是第一要件。只是，生理及體力上的優勢也爲英雄們帶來不少缺點。《伊里亞德》推崇阿基里斯作爲一名男人的勇猛，但也隱喻這種不顧一切及群體利益的男子氣概，事實上是很危險的。

《伊里亞德》默默批判了追求個人光榮的男子氣概，而對血氣方剛的批評，到了《奧德賽》就變得更加明顯。只是在《奧德賽》裡，荷馬批判的男子氣概並非以個人榮耀至上，而是覬覦不屬於自己的東西。

什麼樣的東西呢？

那就是別人的妻子。

奧德修斯在特洛伊戰爭結束後，因觸犯天神，在返家的過程中歷經劫難，直到十年後才回到妻兒身旁。他的妻子潘尼洛普（Penelope）日復一日在宮殿裡不斷拒絕上門的追求者，堅信奧德修斯有朝一日定會回到她身邊，但這些追求者並沒有因此而罷休。在這裡，荷馬用了和血氣方剛具備相似意思的 ἀγήνωρ，本書暫且翻譯爲「毫無分寸的勇氣」。追求者被過多的男子氣概沖昏腦，讓他們失去了自制力，而覬覦屬於另一個男人的女人。[12]在《奧德賽》裡，荷馬認爲，過度且毫無分寸的勇氣不僅會危害作爲一名男人的價值，使男人無法控制住自己對女人的衝動，甚至是已婚的婦女。潘尼洛普作爲奧德修斯的妻子，是屬於他人所有，而這些追求者事實上已經侵犯到奧德修斯作爲一位男人及一家之長的權力與威嚴。

《伊里亞德》及《奧德賽》除了歌頌男性的勇猛及英雄的不朽之外，我們也看見對於過多男子氣概的憂慮。英雄理應被歌頌，但勇猛且出類拔萃的英雄往往過於驕傲自大，罔顧群體利益。男子氣概在《伊里亞德》裡像是雙面刃，一方面給往後世世代代的男子建立英雄榜樣，卻也告誡他們，眞正的英雄在行動時，應該要把軍隊及群體的利益納入考量。而《奧德賽》則清楚地告訴讀者，若在面對女性時表現出毫無分寸的男子氣概及慾望，便可能是對另一名男性的侵犯。

但即便不認同過多的男子氣概，我們都無法否認，至少在《伊里亞德》裡，阿基里斯傲人的戰績終究贏過了其不懂合作的性格，被後世所傳頌尊敬。即使讀者認知到阿基里斯是個自我中心且意氣用事的男人，他在戰場上的勇猛讓這些缺點都顯得微不足道。《伊里亞德》表達出特洛伊戰爭的勝利最終還是必須靠阿基里斯來成就。

而這樣的推崇背後隱含的訊息，便是古希臘社會的尚武。如同前面所提及的，學者安琪拉·霍布斯表示，在古希臘社會中，要被稱作是一個具備男子氣概的男人，就必須是戰無不勝。男人以英勇上戰場、攻無不克爲目標。這樣的思想，或許能以古希臘時期的社會背景來解釋。

城邦政治下的男子氣概——以勇氣為中心

荷馬史詩的完成年代正是古典時代的城邦時期，城邦間的勢力時有消長，彼此間也多有戰爭。除此之外，還有許多對外的戰爭，例如發生於西元前四九九年的波希戰爭（Greco-Persian War），就是波斯與古希臘城邦間的衝突導致。古典時期的希臘是城邦政治的高峰，時間約爲西元前六世紀至前四世紀。一個城邦（*polis*，city-state）就是一個政治體、一個國家。城邦有幾個特色：就地理上來說，城邦以城堡爲中心，含括周圍的鄉下區域。城內的城堡多建在山上，也稱作衛城（Acropolis），而城內人們的活動則以公共廣場及市集（Agora）爲主。希臘半島上城邦林立，大小不一，且每個城邦的政治體制也不同，包括君主制（monarchy）、貴族制（aristocracy）、寡頭制（oligarchy）、民主制（democracy）等。[13] 理論上，每位男性公民（citizen）一成年就有參與政治的權利，但在統治方面，多數城邦的政治權力還是掌握在少數權貴人士手中。希臘半島上約有一千多個城邦存在，其中最爲人熟知的就是雅典及斯巴達，而斯巴達的腹地占地最廣。[14]

城邦時期接連不斷的戰爭，也讓軍事成爲各城邦首要鞏固的力量，因而直接影響了一個具備男子氣概的男人的定義——成爲勇猛的士兵。當然，界定一位男人是否具備男子氣概，有許多判斷的標準。以雅典來說，政治上的成功也是男子氣概表現的一種，但在諸多標準裡，成爲勇猛的士兵並獲得戰場上的成功，是各城邦對於男子氣概定義的最大公約數。

斯巴達的鐵血勇夫

在所有城邦裡，斯巴達或許是將從軍視爲男子氣概的最高典範的典型例子。在斯巴達，成年男性公民一生只有一個職業，那便是軍人。斯巴達男性自七歲起便會被強制展開軍旅生涯，跟其他男性生活在一起，而他們的生活就是爲了戰爭做準備。也因此在所有男子該具備的條件中，勇氣最爲可貴，比智慧、正義、憐憫心及政治參與都來得重要。在一系列的軍旅訓練中，後人比較熟悉的是從七歲到二十九歲的全方位體能訓練（*Agōgē*）。訓練項目包含各種狩獵技巧、忍受痛苦等，例如：一整年只能穿一件單薄外衣，一雙鞋子（涼鞋形式），也只能分配到最少量的食物供給。這些訓練都只爲了讓斯巴達的男性能擁有勇氣，而這種勇氣訓練的最終目的，就是要讓斯巴達男子擁有在戰場爲國捐軀的決心。我們可以說，斯巴達的建立就是以勇氣爲中心、戰爭爲目的，並以此來訓練及定義一個男人。西元前七世紀，一位斯巴達的吟遊詩人（Tyrtaeus of Sparta）寫道：

勇氣是人類最珍貴的資產，也是年輕男性最渴望得到的美德。當整個國家的人都具備這種美德時，是很好的。有了勇氣，就能在戰場上屹立不搖，什麼繳械投降、臨陣脫逃等邪惡的念頭都會瞬間消失。[16]

爲了訓練每一位男性公民成爲堅忍不拔的戰士，斯巴達有著不少關於勇氣的故事。以下這個故事充分反映了斯巴達人對於一位戰士的要求：一位男孩在抓到一隻狐狸後，把牠藏進自己的衣服，抱在懷裡。但狐狸在男孩懷中開始躁動，想要掙脫，因此開始攻擊男孩的腹部。男孩爲了不讓旁人發現，便忍著疼痛，默不作聲，直到狐狸吃掉他的器官。學者史考特．魯巴斯（Scott Rubarth）認爲這故事顯示了在斯巴達的社會中，心靈的勇敢及身體承受痛苦的能力非常重要，也是備受讚賞的特質。[17]但這個故事的後續就沒人知道了，到底小男孩是否因爲這隻狐狸啃咬他的器官而喪命，也不得而知。

將勇氣認定爲一位男人能擁有的最高價值，事實上反映了城邦政治中連年戰爭的狀況。不間斷的戰爭及斯巴達的軍國主義，將「成爲勇猛的戰士」定義爲男人一生中最高的唯一成就。而要配得上戰士的名號，勇氣是最不可或缺的。只有成爲在戰場上驍勇善戰的戰士，才能爲國家帶來最大的利益。

Andreia 一詞代表「勇敢、有男子氣概的」，是由希臘文 ἀνήρ 演變而來，而 ἀνήρ 的意思就是「男人」。血氣方剛（ἀγηνορίη）、天生的勇氣（ἠνορέη）二詞也都是形容男性的特有詞彙。由此可見，對古希臘人來說，勇敢不只是一種美德，更是一種只有男性才能擁有的特質。而對斯巴達男人來說，此一特質甚至已成爲自我認同的一部分。在伯羅奔尼撒戰爭（Peloponnesian War）中，斯巴達軍隊來到雅典城下，但雅典人卻躲在城內，拒絕出來一決勝負。很明顯地，雅典人要打的是消耗戰，但對斯巴達人而言，建築城牆來保護城邦本身就是「不夠 man」的行爲，根本配不上稱作男人。斯巴達軍隊不斷在城外劫掠，譏諷雅典人躲在城牆後是「娘砲」且懦弱。[18]

雅典男性的典範

而在雅典，勇氣雖然也是一個具男子氣概的男性需具備的特質，但一位成功的男人也必須在政治及公共事務上有一定的參與度。也就是說，雅典人在檢視一位男人時，戰場上的成功只是條件之一，而參與政治也是衡量一位男性的重要因素。從伯羅奔尼撒戰爭中發生的事件，可以看出斯巴達人及雅典人對於勇氣的定義有何差別。[19]當斯巴達人攻進以雅典城爲中心的安提卡（Attica）時，雅典人把自己關在城牆後，不出來應戰，不論斯巴達人在城牆外如何燒殺擄掠，就是不出城。在雅典這一邊，他們知道出去應戰有很大機率輸掉戰爭，因此寧願躲在城牆內、被斯巴達士兵譏笑爲懦夫，並把所有希望放在強大的海軍身上，希望海軍能前來救援。[20]

不應戰在斯巴達人眼裡看起來就是懦弱，但在雅典人眼中，在軍力不對等的情況下出去應戰，是有勇無謀，而這種魯莽的勇氣，反而不是雅典人所重視的。比起單靠體能與熱血，他們更重視用頭腦及技巧取得贏面（話雖如此，雅典最終還是輸掉了伯羅奔尼撒戰爭）。

柏拉圖的《饗宴》（*Symposium*）就表達出與斯巴達不同的男子氣概定義。柏拉圖認爲，政治家是男人中的男人，他們利用智慧、話術及政治思想來治理國家，而成爲一位有能力雄辯的政治家，能讓一位男人極具男子氣概。事實上，柏拉圖相信，若一位男人能在言語上辯贏另一位男人，就如同剝奪了輸家的男性特質。[21] 亞里斯多德也表達出相同的觀點：所謂的「男子漢」（manly man）必須是參與政治的男性公民，而並非所有生理男性都能達到這個成就。[22]

由此可見，對雅典人來說，只知一昧向前衝的勇猛不是他們認為最陽剛的特質，反而是能在政治上有影響力的政治家，才配得上稱為「最 man 的男人」。除此之外，男性作為一家之長也是非常重要的。斯巴達男性七歲即離家從軍，因此在家庭的經營上，女性的話語及主導權相較同時期其他城邦的女性來得高。但在雅典，一家之長只能是成年男性，稱作「奇洛斯」（*kurios*）。而作為一家之長，一位男人必須要結婚、生子，建立起自己的家庭，對妻子、小孩及家中奴隸都有絕對的控制以及支配權。在這層關係中，能否成為一名父親便是關鍵。唯有成為父親生兒育女，才是一位夠格的一家之長。這種支配權就像一個王國的縮影，任何人要是侵犯此迷你王國的家長之威嚴及權力，都會被視為對家長的威脅，也會受到懲罰。例如，若丈夫在現行犯的狀況下抓到妻子與他人通姦，雅典的法律賦予丈夫能就地處死通姦者的權利。但如果無法現場人贓俱獲，而是事後發現呢？那麼，法律會處罰通姦者，將其去勢，或是以其他侵害男性尊嚴的方式懲罰，像是以大型根莖類作物強制侵入通姦男性的肛門。[23]

作爲侵害另一位男性家長所有物的懲罰，強行性侵害通姦男性、讓男性成爲「被穿透者」（penetrated）的方式，事實上便是讓這位犯罪的男性變得「女性化」，讓他處於女性的位置；而位於對立面的則是穿透他人的男性。作爲一位具備男子氣概的男性，他只能是穿透者（penetrator），而不是被穿透者，這個概念我們會在下一節中詳細論述。

從《伊里亞德》、《奧德賽》再到歷史上的希臘城邦，不難發現男子氣概都跟勇氣及戰爭息息相關。以歷史背景來看，不間斷的戰爭使生理上的強壯及精湛武藝變成男子氣概的第一要件，不論在文學作品或歷史中，都能看見身強體壯在戰場上的重要性，因此英雄都是武藝過人、戰績彪炳。但單單擁有武藝是不夠的，還必須具備勇氣。我們能從斯巴達訓練男性公民的過程看出勇氣的重要性，唯有具備勇氣，才能爲國家奉獻。而在荷馬史詩中的英雄們——阿基里斯、赫克特及奧德修斯，全都是勇氣過人，並且把不畏戰及個人榮耀放在第一位。相形之下，強調用腦的阿格曼儂或只愛美人的帕里斯（Paris），都不是傳統中所稱的「英雄」，我們更不會以「極具男子氣概」來形容缺少勇氣的人。

勇氣是男子氣概中最顯眼的特徵，但勇氣也分很多種。即便勇氣使男人看起來更男人，過多的勇氣往往會損害群體的利益。如同學者蓋茲歐希及侯伯德的分析，荷馬史詩中隱含了不少對於過多男子氣概的批評，認爲以個人榮耀第一的英雄們往往不顧群體利益、孤僻行事，即便是家人動之以情，也無法阻擋他們。當赫克特不顧家人勸阻，硬要和阿基里斯對戰，最後被阿基里斯殺死時，其妻安德珞瑪克（Andromache）傷心地說道，是赫克特自身的血氣方剛害死了他自己。[24]

在文學裡，荷馬史詩反映出男子氣概的首要特徵是勇氣，而雖然勇氣爲人推崇及嚮往，但若缺乏理性約束，只會帶來危害；在歷史上，勇氣作爲士兵上戰場的首要條件，是男人不可或缺的條件。這份第一要件亦成了貫穿西方男性史的主題，一直持續到近現代。

4 阿基里斯為海洋女神特提斯（Thetis）以及色薩利國王佩琉斯（Peleus）之子；奧德修斯為伊薩卡島（Ithaca）的國王，其父拉厄爾特斯是宙斯之孫。

5 'Podcast 258: Honour, Courage, Thumos, and Plato's Idea of Greek Manliness', in 'Get Action', last accessed on 20 September, 2020, https://www.artofmanliness.com/articles/podcast-258-honor-courage-thumos-platos-idea-greek-manliness/

6 Barbara Graziosi and Johannes Haubold, 'Homeric Masculinity: HNOPEH and A ΓHNOPIH'. *The Journal of Hellenic Studies*, 123 (2003), 60-76.

7 Ibid., 63.

8 'yet his brave heart does not flinch or fear: his own ἀγηνορίη kills him'. *Iliad*, 12.41-50. Ibid., 64.

9 *Iliad*, 24.39-35. Ibid., 65.

10 *Iliad*, 9.398-400, Ibid., 67.

11 *Iliad*, 5.529-532. Ibid., 68.

12 Ibid., 73-75.

13 林立樹，《世界文明史，上》，台北：五南出版社，2002，67-69。

14 'Ancient History Encyclopedia', last accessed on 22 November, 2020, https://www.ancient.eu/sparta/

15 Scott, Rubarth, 'Competing Construction of Masculinity in Ancient Greece', *Athens Journal of Humanities and Arts*, 1.1, (2014), 21-31.

16 Arius Didymus, Epitome, 5b1.21ff = SVF 3.262 = LS 61H, cited by Ibid., 26.

17 Rubarth, 'Competing Construction of Masculinity in Ancient Greece', 21-32.

18 Ibid., 25.

19 伯羅奔尼撒戰爭為雅典及斯巴達之間發生於西元前五世紀中葉的戰爭，最後由斯巴達取得勝利。

20 Rubarth, 'Competing Construction of Masculinity in Ancient Greece', 25.

21 Ibid., 28-29.

22 Thomas K. Lindsay, 'Aristotle's Appraisal of Manly Spirit: Political and Philosophic Implications, *American Journal of Political Science*, 44.3 (2000), 433-448.

23 Rubarth, 'Competing Construction of Masculinity in Ancient Greece', 26-27.

24 *Iliad.*, 22. 454-9, cited by Graziosi and Haubold, 'Homeric Masculinity: HNOPEH and AΓHNOPIH'. *The Journal of Hellenic Studies*, 70.

西元前

9世紀

|

前1世紀

同性之愛：古希臘羅馬的師徒關係

有人的地方就有性，性是貫穿人類歷史的主題之一。那麼古希臘人如何看待性呢？在古希臘，性可簡單分爲穿透者（penetrator）與被穿透者（penetrated），也就是同性或異性間出自愛、愉悅或享樂的性行爲。但在古希臘，性愛通常不只出於愛，而是帶有階級及支配的意義。支配者即是用男性的生殖器穿透他人；而被穿透者，就是被支配者。

這種定義造成女性先天上就不可能成爲穿透者，也就是說，女性永遠都是被支配的一方，男性才是擁有絕對權力的人。這樣的支配關係是建構在一種思想上：擁有陽具的男性是比女性更爲高尙的物種，女性基本上就是瑕疵品，只有完美的靈魂及身體才能夠成爲男性。男性與女性之間的結合，是讓完美屈就不完美，而男性與男性之間的愛，則是兩個完美物種之間的結合，因此是最爲高尙純潔的。在柏拉圖的《饗宴》裡，就形容男性之間的同性之愛是最高貴的。這樣的觀念，多少也能追溯自古希臘人對於陽具（phallus）的崇拜，而不具備陽具的女性，自然無法成爲純粹的愛的一部分。[25]

「導師」與「學生」

這種同性之愛，不像今日所想像的是奠基於自由戀愛與性別平等，相反地，它是有階級的。學者湯瑪斯．賀伯特（Thomas K. Hubbard）便主張，在雅典，男性之間的愛是一種教育過程，教導年輕男性如何成爲一位支配他人的成熟男性。[26] 這個過程跟現代的追求（courtship）很像，通常由一位年長的男性（*erastes*，導師）及一位年輕男性（*eromenos*，學生）組成一對一的親密關係。導師必須教導學生各方面的知識，尤其是如何發展成一位健全的人、擁有良好的品德，以及能夠控制自我的慾望與情緒。[27]

這種關係通常會由導師對年輕男子的追求開始。從目前出土的黑繪式及紅繪式的陶瓶，我們可以看到這種追求的進程。賀伯特在〈雅典的雞姦及男子氣概的建立〉（'Athenian Pederasty and the Construction of Masculinity'）一文中，列舉了許多陶瓶作爲例子，講述這種「導師—學生」關係如何幫助年輕男性建立男子氣概。賀伯特提到，這段關係的核心是教導年輕男性如何擁有「正確選擇的能力」（*prophaeresis*），意即人在經過精細的考慮後，在慾望及理性之間做出的正確選擇。當年輕男性面對導師的追求時，他們不能只因爲生理上或是慾望上的愛而接受追求，而是要經過詳細的考慮。[28]以現代的話來說，很類似「欲拒還迎」，但在當時的雅典，此一概念的意涵又複雜許多。正確選擇的能力是一位雅典公民需要具備的條件，也正因爲可以正確地做出選擇，他們和女人、動物以及奴隸不同。

而正確選擇的過程是如何進行呢？我們能從考古出土的陶瓶得到解釋。不少陶瓶上的圖畫顯示出，是由年輕男性來決定是否接受導師的追求。

在其中一個陶瓶上，追求的過程被描繪得更爲明確：追求是從送禮開始的。圖畫最右端的年長男性手拿桂冠葉，代表了運動場上的勝利，其中所隱含的意思是：「你若選擇我做你的導師，我會教導你一切運動場上的技巧」；位於中間的年長男子則是懷抱著兔子，代表他專精的應是狩獵的技巧，並想以此說服青年跟著他學習，並進入「導師—學生」關係；而最左邊的年長男性，則是手握雄雞，代表著戰場上的勝利，間接表示他想要教授青年打仗的知識及體術。陶瓶上的圖畫也顯示了一個有趣的訊息：青年對於年長男所送的禮物，明顯地表現出自己的喜好。面對月桂葉，青年顯得興趣缺缺，他的衣袍穿戴整齊；看到禮物爲兔子的另一青年，顯然展露出了興趣：他的衣服半敞開，並且伸出手；而面對雄雞的青年顯然非常開心，因爲他幾乎將自己的衣服都脫光了，陰莖也呈現勃起的狀態，顯示他的開心與興奮。[29]

透過送禮，青年學到了正確選擇的第一步：我是否要接受這位導師的追求？導師所提供的專業，是否是我想要或需要的？但男孩們的生理反應也顯示，在追求的過程中，能激起性慾的愛扮演了關鍵的角色。如陶瓶上的圖畫所示，被贈送雄雞的青年對年長男性所展現的性興奮，毫不遮掩地被描繪出來。在古希臘社會中，性並非一項避而不談的話題，相反地，古希臘各城邦普遍都接受性，並無立法禁止同性之間的性行爲，這點和天主教主宰的中世紀世界十分不同。

透過性行為建立「導師－學生」關係

在一只出土碗具上的圖畫中，充分展現了性在「導師—學生」關係中的重要性。畫中可見年長男性撫摸著年輕男孩的生殖器，年輕男孩則輕撫著年長男性的臉，眼中盡是敬愛與慾望。男孩的年紀看起來非常小，或許還不到青少年。根據賀伯特的研究，不論是在斯巴達或是雅典，種種證據皆顯示出，男孩從十二歲起就能接受年長男性的追求，並體驗性愛。在性愛關係中，年輕男性是被穿透者，而導師理所當然是穿透者，在這段關係中扮演支配者的角色。回到本節開頭提到的，穿透者處於較高的位階，而在「導師—學生」的性行爲中，年輕男子雖然是地位較低的被穿透者，這種關係卻和男女間的「穿透—被穿透」不同——被穿透的年輕男子並非全然的低位階者，而是透過「穿透—被穿透」的經驗，學習以後如何成爲穿透者，也就是支配者。這樣的行爲也常見於公民會議（Symposium）裡。公民會議是只有男性公民才准許參與的聚會，聚會的主題多是對於政治、哲學與文學的辯論。但在公民會議中，男性也時常會召來妓女，而與妓女之間的性行爲，便是教導年輕男性如何成為穿透者的機會。在一只出土的陶瓶瓶身，描繪了年長男性與年輕男子分別從後面及前面穿透妓女，展現男性作為支配者的力量，而最有趣的是，兩位男子的眼光是鎖在彼此身上，而非看著和他們進行性行為的妓女，這或多或少說明了「導師—學生」間情感的特殊性。30

除了性愛之外，年輕男性在公民會議裡學到的還有競爭心。會議裡，男人之間會不斷辯論哲學、政治與文學作品，而那些能以雄辯壓制對手的男性，則會被認為具有男子氣概，值得崇拜。事實上，在言語上壓倒對手，能剝奪對手身為男性的自尊（unman the other man）。因此，在公民會議裡，導師們也必須教導學生彼此競爭。唯有透過競爭脫穎而出的男性，才能成為出色的雅典公民。而對雅典人來說，公民便代表著男子氣概，因為他們不同於非公民的女性、小孩及奴隸。這種以競爭為主的學習，也反映出前一章所提及的尚武風氣：要成為合格的男性，甚至是英雄，就必須要贏，尤其在軍事方面的勝利，往往能最快速地讓一位男性成為人人模仿的典範。即使雅典人不如斯巴達人如此看重軍事能力，但其對於軍事的重視，也反映在對於同性之愛的辯論上。《饗宴》中會提及，軍隊裡的同性之愛是值得鼓勵的，因爲當你跟戰友產生愛情時，你會爲了他、爲了軍隊，更奮不顧身地追求勝利。不過，這個說法在《饗宴》中也引起諸多質疑。[31]但就《伊里亞德》裡阿基里斯和表弟派翠克魯斯之間那疑似戀人關係的堅定情誼來看，我們或許可以說，「戰友同時爲戀人」的觀念可能是戰場上會發生的情況。

與同儕競爭的狀況不只發生在公民會議裡，也出現在競技場（gymnasium）上，從身材開始，比拚身體的美及力量，再較勁各項技能。雅典的男性並不羞於赤身裸體，而競技場的字根 gymnos，代表的就是裸體。可想而知，在充滿力與美的競技場中，不只是年長男性擁有絕佳的機會找尋他的學生，同性之間也充滿了對彼此身體的吸引。這種同性間的吸引，稱作「同性之間的愛慾」（homoeroticism），是「導師—學生」關係中很重要的一環。能激起性慾的愛稱作艾洛斯（eros），屬於最原始的性愛及慾望，而這也是導師（*erastes*）及學生（*eromenos*）兩字的字根。*Erastes* 是「愛人的人」（the one who loves），*eromenos* 則是「被愛者」（the one who is being loved）。從這裡便能明顯看出，「導師—學生」是建立在極爲原始的性吸引上，而這樣的吸引，也是爲了讓學生學會在理性及慾望中選擇，最終作出正確的抉擇。[32]

框架外的同性之愛

同性之間的愛慾不只發生在「導師—學生」中，許多時候也發生在年紀相仿的年輕男子之間。不過，在「導師—學生」框架以外的同性之愛，也是被社會所允許的嗎？一幅古希臘的圖畫顯示，在競技場中，有位年輕男子拿著花送給另一位年輕男子，而手持棍杖的教練則用腳去踩了這位追求同儕的青年，似乎是在警告他：「不要忘了自己的本分，你還沒有老到能夠成爲導師，追求年輕男人。」

這幅圖似乎是在暗示，只要不是在「導師—學生」框架下進行的同性之愛，便是遊走在被社會接受的邊緣。學者布吉德．卡拉赫（Brigid Kelleher）便主張，同性之間的性行爲在古希臘社會中，並沒有我們想像中那麼容易被接受。反之，社會對於同性之愛有著許多焦慮。根據雅典的法律，競技場在天亮前不能開啟、天黑前就必須關閉，此舉是爲了避免心懷不軌的年長男性利用天色昏暗拐騙或強擄少男。[34] 法律也規定，年輕男性在前往競技場的途中，必須要有僕人護送，避免遭到有心人士（通常是年長男性）拐騙。[33] 法律也規定在少男合唱團擔任指導老師的男性，必須年過四十歲。爲什麼呢？因爲比起四十歲以下的男性，年過四十的男性比較沒有對同性的性衝動（homoerotic impulse），也就比較不可能騷擾或利用少男。雖然以現代醫療科學來看，這樣的理論是謬論，但也足以顯示男性間的同性吸引確實對社會造成了隱憂。

對於同性之間的焦慮，也反映在強制性交（*hubris*）這一法律上。該法律處罰任何以驕傲自負或只爲了取悅自己而強行對他人進行的性行爲。卡拉赫認爲，這是爲了防止任何男性恣意以穿透者的姿態，將另一男性公民當作被穿透者對待。對雅典人來說，只有女人跟奴隸才是地位低下的被穿透者；因爲男性不能隨便成爲被支配者，因此要嚴格禁止這種行爲。[35]

卡拉赫進一步表示，「導師—學生」的關係中，有許多限制及自我控制。例如，年輕男子在面對年長男性的追求時，不應當馬上答應，而是必須先拒絕、保持貞節，而後才慢慢地跟導師建立關係。也就是說，追求的過程是制式化的，而任何落在這個程序外的同性之愛，都會被批評爲下流的。如濫交者（*kinaidos*）一字，便是形容能和任何人隨意發生性關係之人，趨近於娼妓。因此，對一位雅典男性來說，若是他的同性之愛並非在「導師—學生」的框架下進行且遵守法律，而是在框架外發生，就會被冠上濫交者的污名，被視爲不具男子氣概、是被穿透者，因而低人一等。[36]

雅典人的「導師—學生」關係，實際上是奠基於「男性優於女性」的思想上，而同性之愛則屬於支配者間高貴的情感。透過「導師—學生」，雅典男孩學習如何成爲在公民會議及競技場上具備男子氣概的男人。但另一方面，過度的同性之愛也讓社會焦慮。古希臘雅典的同性之愛不像現代是以愛與自由爲基礎，而是透過「導師－學生」設立一個框架，限制男性之間的愛情必須在此框架下發生。當一名導師過了三十歲，還是得和女性結婚，傳下男性優秀基因給下一代。而社會對陽具的崇拜，讓男性處於身爲穿透者的制高點。爲了保持男性優秀的特質，社會懼怕讓男性成爲「被穿透者」。唯一能合法成爲被穿透者的時機，只有在年輕男性和年長男性發生性關係時。只要脫離了「導師－學生」關係，每一位男子都被期待要成爲穿透者、社會的支配者，以展現男子氣概與作爲男人的價值。

羅馬時期的同性之愛

羅馬時期的同性之愛與古希臘時期相似，在拉丁語中也並無同性戀或是異性戀之分。對於自由的羅馬男性公民來說，他永遠會是具有男子氣概的穿透者，而被他穿透的人不管是男是女，都會被歸類爲較女性化的被支配者。不同於希臘時期的「導師－學生」，羅馬男性公民所找的同性對象通常是非自由民，例如男性奴隸。對任何自由民來說，被穿透者等同被支配者，而這已侵犯了男性公民的尊嚴。不少羅馬皇帝也都有這種同性愛侶，像是皇帝哈德里恩（Hadrian）和受其寵愛的希臘少年安提努亞思（Antinous）。安提努亞思在二十歲因意外死亡時，哈德里恩悲痛至極，還將安提努亞思升格爲神祇，供後人敬拜。但也有人懷疑安提努亞思的死因是他殺，因爲安提努亞思已漸漸從當初和皇帝相遇的十三歲少年，成長至不適合繼續同性關係的年紀。[37]這也反映了前面所提到的古希臘對於同性之愛的焦慮。如果有越來越多男性在成年之際繼續耽溺於被穿透者的狀態，那麼對整個國家的男子氣概是有害的。另一個以同性之愛聞名的歷史人物，是開啟希臘化時代的亞歷山大（Alexander the Great）。他和好友賀費斯提翁（Hephaestion）與太監拜格亞斯（Bagoas）之間的關係也頗爲耐人尋味。

事實上，對羅馬公民來說，成爲被穿透者就是一種羞辱。凱薩在政治生涯中曾被控訴和比提尼亞國王尼可梅迪斯六世（Nicomedes IV）有性關係，而且凱薩還是被穿透者，因此被他的政治對手戲稱爲「比提尼亞的皇后」。[38]不論這謠言是否屬實，都可以看出羅馬社會將被支配者、被動等特質和女性連結在一起，而任何有尊嚴的男性，都要極力避免自己成爲被支配者。對一般男性來說，他在政治上毫無選擇，但在他們自己可以掌控的性行爲上，則必須成爲支配者（穿透者）。

古希臘描繪「導師 - 學生」關係的陶瓶。

25 Brigid Kelleher, 'Acceptance Through Restriction: Male Homosexuality in Ancient Athens', *Historical Perspectives*, 16 (2011), 1-25: 5.

26 Thomas K. Hubbard, 'Athenian Pederasty and the Construction of Masculinity', in *What is Masculinity,* ed., John H. Arnold, Sean Brady (London: Palgrave Macmillan, 2011), 189-225.

27 Mirina Ficher, 'Sport Objects and Homosexuality in Ancient Greek Vase-Painting: the New Reading of Tampa Museum Vase 86.70', Nikephoros, 20 (2007), 165.

28 Thomas K. Hubbard, 'Athenian Pederasty and the Construction of Masculinity', 195-196.

29 Ibid., 198-190。

30 Ibid., 200-211.

31 W.R.M. Lamb, *Plato*: *Lysis, Symposium, Gorgias, Loeb Classical Library* (1975 reprint), 76.

32 Ibid., 212-214.

33 Brigid Kelleher, 'Acceptance Through Restriction: Male Homosexuality in Ancient Athens', 15-16.

34 Ibid., 16-17。

35 Ibid., 17.

36 Ibid., 20-22.

37 Abigal Hudson, 'Male Homosexuality in Ancient Rome', see 'University of Birmingham', last accessed on 4 June, 2021, https://blog.bham.ac.uk/historybham/lgbtqia-history-month-male-homosexuality-in-ancient-rome/

38 Ibid.

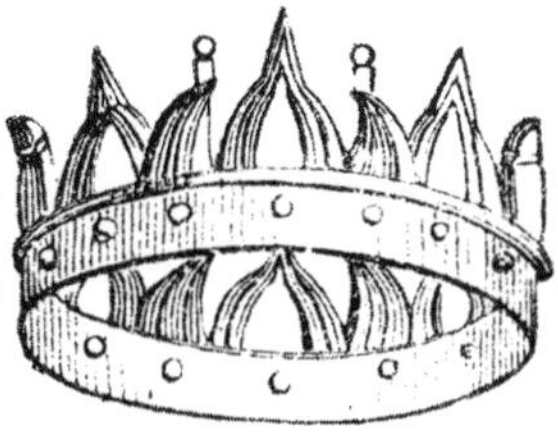

西元前

2 世紀

|

西元

5 世紀

Virtus：專屬羅馬男人的美德

在古希臘城邦的影響下，持續性的戰爭強調了男子氣概中勇敢、戰士的面向，而這樣的傳統也一路延續到了征戰無數的羅馬帝國。古羅馬大致可分為三個時期：王政時期、共和時期及帝國時期。淵遠流長的古羅馬除了接受希臘文化之外，也漸漸發展出屬於羅馬男子氣概的核心概念。

在拉丁文裡，有不少用來形容勇氣的字詞，例如 *audacia* 及 *animas*。*Audacia* 是現今英文詞彙 audacious（放肆的、勇於冒險的）的字源，在羅馬時期，是用來形容一個人不顧一切、未經思慮的勇氣；而 *animas* 則是指一個人在戰場上因緊張而產生由腎上腺素激發的勇氣。但這些都不足以代表一位羅馬男性的男子氣概。羅馬人認為，男子氣概的核心是 *virtus* 這個字，本書譯為「羅馬男性獨有的美德」。*Virtus* 從 *vir* 而來，*vir* 在拉丁文裡代表的是男人，因此 *virtus* 意指「一個男人應具備的特質，或是適當的作為」，用現代口語來說，便近似於「很 man」的意思。而第一個能與男人應有的作為及特質聯想在一起的，就是戰場上的武力與勇氣。

Virtus 之所以特別，是因爲它是羅馬男性獨有的男子氣概。女人、外國人或奴隸，都不會擁有 *virtus*。這些人能稱作 *homo*，也就是「人」，但只有具備了羅馬男子該有的美德，才配得上 *virtus* 一詞。由此可見，*virtus* 是帶有性別色彩的詞彙，因爲該字很少用在女性身上。不過，也並非所有的羅馬男性都配得上 *virtus*。羅馬哲學家西塞羅（Cicero）就認爲，男人最大的美德是勇氣，勇氣讓他們看破生死、忍受痛苦，而以這兩點而言，男人們可以、也必須追求 *virtus*，因爲 *virtus* 是從男人身上衍伸出來的。[39] 也就是說，*virtus* 只發生在眞男人身上。

西塞羅更是把 *virtus* 擺在至高無上的地位，他曾說道：

virtus 是羅馬人作為一個種族最獨特的徽章。羅馬弟兄啊，我拜託你們，請堅持你的 *virtus*，這是我們的祖先賦予我們的。其他東西都是轉瞬即逝、不真實、易於變動的。只有 *virtus* 是穩固的存在，深深地埋在我們心中，不會被移除。不論任何暴力都無法打擊它。因為有 *virtus*，我們的祖先征服了義大利，劫掠迦太基，控制努曼西亞，將所有

世上最強的王國及戰士都帶到了帝國之下。[40]

西塞羅的這段話清楚顯示出 *virtus* 不單單是勇氣，更是分別羅馬人與外邦人的重要特質。羅馬人作爲一個種族，就是因爲有 *virtus*，才有今日偉大的帝國。男子氣概不只是勇敢，更包含了種族及階級的概念。*Virtus* 被用來建立羅馬種族優越主義，任何非羅馬人的男性，雖然生理上是男性，卻不比羅馬男性高貴，因此在男子氣概的展現上，自然會被羅馬男性貶低。

雖然對羅馬人來說，任何外邦人或是奴隸都不配稱作男人（*vir*），只能喚作人（*homo*），但在一種情況之下，羅馬人能接受特例。當一位奴隸或外邦人特別能忍受身體上的痛苦，或展現出過人的勇氣時，他們會形容這名男人有 *virtus*。但是，*virtus* 或勇氣並非自己賦予自己的形容。當我們稱一個人「勇敢」或「有勇氣」時，通常是因爲此人在公眾面前做到一件其他人都做不到的事，也就是說，勇敢是由他人形容自己的形容詞，需要在大眾面前展現，並經過大眾的審核。[41]

羅馬的角鬥士（gladiators）便是一個很好的例證。Gladiator出自拉丁文的*gladius*（劍）一詞，而這項競技源於伊魯斯坎人（Etruscan）在葬禮上讓奴隸互相打鬥的儀式，並盛行於羅馬共和及帝國時期，是羅馬人喜愛的眾多血腥娛樂之一。多數的角鬥士都是奴隸、外邦人或落魄欠債的貴族，需要在大眾面前展現勇猛的打鬥技巧來博得觀眾喜愛，祈求翻身的機會，斯巴達克斯（Spartacus）便是著名的角鬥士之一。

羅馬時期的角鬥士，出土於二到三世紀的德語區。

戰爭與 *virtus*

不論是出身奴隸的角鬥士，還是生而爲公民的羅馬男性，展現勇氣的最佳方式便是透過戰爭或公開打鬥。羅馬步兵在戰鬥時，以三列方陣爲主，第一及第二排的青年兵（*Hastati*）及壯年兵（*Principes*）是與敵軍戰鬥的主力，第三列則是年紀較大的老兵（*Triarii*）。愛荷華大學歷史系教授拿森．羅思汀（Nathan Rosetein）指出，對羅馬士兵來說，作戰最大的宗旨是遵照指令行動，不能隨便依自己的意思戰鬥。不論前方發生什麼事，都要堅守自己的崗位、依照上級的命令行事。[42]

共和時期的羅馬以徵兵制爲主，每個成年男性都有義務服兵役，再加上羅馬的領土逐漸擴張，社會瀰漫著尙武的風氣，男性從小就開始學習使用各種武器。目前的考古資料也顯示，不少羅馬男性公民的墳墓都放入了自己的盔甲，代表盔甲並非由國家發放，而是得自行購買準備，並反映了男性作爲「公民戰士」，隨時都需要準備替國家上戰場。雖然不少學者認爲羅馬帝國在中後期雇用許多其他民族的雇傭兵，直接或間接地造成羅馬帝國的滅亡；但也有學者認爲，雇傭兵的比例不會超過軍隊總人數的三分之一。再者，學者麥留斯．麥克唐納（Myles McDonnell）也指出，羅馬社會處處可見促使男性追求戰功及榮譽的動機，最顯而易見的便是打勝仗後的遊行。只要贏了戰爭，羅馬人便會透過盛大遊行讓士兵在城中慶祝，並接受衆人喝采。有特別立下功績的人，可以於往後的生活中，在衣服上配戴象徵勝利的胸章或手環，彰顯自己的地位及勇猛。除此之外，所有從戰場上搶來的戰利品，小至錢財、大至土地，羅馬人都准許士兵占爲己有。對於劫掠的士兵來說，土地具有強大的吸引力，因此，羅馬社會將其作爲鼓勵士兵在戰爭中爲國家盡力的誘因：不只能保家衛國，更可以提升個人地位及財產。外在的物質享受確實是吸引男性上戰場爲國效忠的原因之一，但若探究內在的原因，崇尚士兵身分、以上戰場爲最高男子氣概表現的文化，也造就了羅馬人熱中於不斷擴大領土，並認爲和其他民族相比，自己是「更好的民族」。[43]

羅馬政府給予戰功彪炳之軍人的勳章及信物。

有了個人的功成名就作爲拉力，統治者要擔心的就是「失控」。以驍勇善戰作爲衡量一位男人的標準，的確能讓國家確保戰場上的勝仗及領土的擴張，但另一方面，卻隱含了「過度的男子氣概」問題。如同我們在希臘的章節所提到的，過度的男子氣概導致士兵專注在追求個人榮譽，不顧整體利益，對國家有害。若是導致戰爭失利，或許還算事小，但若因過度膨脹的自傲及武力而威脅到統治權，例如僭主，便反映出男子氣概毀滅性的一面。因此，如何激發出士兵勇猛的一面，同時又讓他們能遵從統治者的指示，成了維持國家運作的重要課題。

也就是說，男子氣概必須被限縮得恰到好處，不多不少。

要壓制過度的男子氣概，最簡單的方式便是懲處。如同勇敢是需要在公衆面前展示的一樣，懲處也必須在公衆面前執行，以達到對男子氣概最大的羞辱，像是在人潮聚集的市集中鞭打犯錯者，或是予以降職。這些懲罰是給男性公民的警告，也包含維持嚴謹位階的意涵，讓他們知道不能做出僭越自己的年紀與位階的事。多數時候，懲罰是以展示權威爲核心，殘忍地表現出霸權的不可挑戰。以前述的斯巴達克斯爲例，他以奴隸角鬥士的身分發起叛亂，卻以失敗收場。他與追隨者約六千餘人，被羅馬軍隊釘在阿爾卑斯山上示衆，以血腥慘忍的方式嚇阻任何想挑戰霸權的人。

統治者的觀點

對羅馬的統治者來說，造成威脅的不只是奴隸叛亂，保家衛國的士兵也是威脅來源之一。勇猛是男子氣概的核心，而不論是誰展現出過度的勇猛，對國家來說都是危及統治權的力量，只有當士兵把國家的利益放在個人成就之前，才能防止過度的男子氣概摧毀國家。這樣的概念可以從共和時期早期的一起歷史事件看出端倪。

赫瑞提斯（Horatius Cocles）是羅馬共和時期的一位年輕軍官，在一次抵禦伊魯斯坎人的戰役中，於台伯河的一座橋上獨自抵擋敵人，爲後方的羅馬士兵爭取過橋的機會。最後，他爲了不讓敵軍過橋進入羅馬，命令同袍摧毀橋樑，自己和敵人同歸於盡。[44]

赫瑞提斯作爲一個將國家利益置於個人成就之前的最佳例子，成爲國家推崇的男子氣概典範。自此以後，羅馬軍官便有了一個稱作「獻祭」（*devotio*）的權力，當軍隊快要戰敗時，軍官可以選擇以「獻祭」的方式自我犧牲。他必須在衆人面前發誓，願意以自己的生命來交換羅馬的生命，並且會一起將敵人的生命帶入陰間。發完誓後，該軍官必須騎上馬，一馬當先衝入敵營，用自己的死亡換取羅馬的光榮。「獻祭」的必要條件就是這名犧牲者必須死去。而在他的葬禮上，犧牲者並不會得到特別禮遇，或在死後加官封爵。如果犧牲者僥倖（也是不幸）存活，他就會被剝奪任官的權利，也不能再領導軍隊。[45]

犧牲者之所以必須死，是因爲死掉的軍官從此不會對統治者造成威脅。「獻祭」充分反映了統治者利用勇猛、國家榮譽等男子氣概的標準，促使男性爲國捐軀，卻又懼怕如此無懼無私的男性從戰場生還後，會在日後對統治者的地位造成威脅，因此發展出限縮男子氣概的制度。但事實上，「獻祭」很少發生，整個共和時期只發生過兩次。[46]

從勇猛到自我節制

羅馬時期的男子氣概和希臘城邦時期的男子氣概並不相同。逐漸擴張領土的羅馬將男子氣概建立在民族主義上，用 *virtus* 來彰顯羅馬男性與眾不同的地位。*virtus* 強調了羅馬人的血統，更強調了勇猛、歌頌戰功，畢竟這是羅馬人用來建立帝國的基礎。到了共和晚期，*virtus* 的意涵越來越廣，包含了謹慎（*prudentia*）、正義（*iustitia*）、自我控制（*temperantia*）及勇氣／力量（*fortitudo*），使得看待一名男人的標準越發嚴格。與此同時，這些要求卻也出現了矛盾。在展現勇猛的同時，也要尋求謹慎與自我控制——由此不難看出，男子氣概最大的問題，便是在失控時會對社會及國家造成傷害。這份憂慮，從希臘時期起便不斷地被提出討論。如同《伊里亞德》中的血氣方剛，凱薩的《高盧戰記》（*Commentarii de Bello Gallico*）中也提及一個士兵的核心是 *virtus*，而這是打勝仗的關鍵。凱薩認爲，日耳曼人的 *virtus* 是勇猛但不計後果（recklessness）的，一言以敝之，就是有勇無謀。這種勇氣在戰場上的確會促使人衝鋒陷陣，但對羅馬士兵來說，不計後果的勇猛，只會削弱羅馬人的 *virtus*。發生於西元前五十二年的吉爾哥維亞之戰（Battle of Gergovia）中，凱薩手下的幾名士兵不聽勸告，硬是發起了代價慘重的攻擊。凱薩在事後寫到，這群士兵被自己的 *virtus* 蒙蔽雙眼，以爲只要有勇氣，便可以成功奪下村莊。士兵的行爲反映出他們的傲慢，自以爲懂得比上級軍官還要多，完全缺乏自我控制。凱薩認爲，能夠自我控制，事實上跟擁有勇氣一樣重要。[47]

從諸多關於亞歷山大的紀錄中，也能看到有關自我控制的重要性。希臘哲學家普魯塔克（Plutarch）描繪亞歷山大從年輕時就懂得自我克制，不耽溺於食物、享樂、睡眠及性愛。尤其是在性行爲上，亞歷山大極力避免會讓他「蒙羞」的性行爲，例如成爲被穿透者或強暴女性戰俘。普魯塔克更提到，當亞歷山大打敗大流士三世（Darisu III）時，大流士三世的妻女皆被俘虜，而他的妻子據說是當時最美麗的女人，沒有男人能抵擋她的美貌。亞歷山大爲了不讓自己被誘惑，便一直對大流士的妻子避不見面。[48]我們在這裡看見亞歷山大的表現和荷馬史詩裡的英雄截然不同：史詩裡的英雄以征服女人證明自己的男子氣概，但亞歷山大以克制慾望來展現屬於男人的堅忍及毅力。或許可以說，自我控制是一項偉大領導者的特質，因爲不論是凱薩或亞歷山大，都強調了自我控制的重要性，同時我們可以更清楚地看見男子氣概所引發的憂慮，使人們開始對男子氣概加上更多限制及標準：不只要勇猛，更要自我控制。而這樣的概念，我們會在後面的章節不斷見到。

39 Myles McDonnell, *Roman Manliness: Virtus and The Roman Republic* (Cambridge University Press, 2006), 12-15.

40 'virtus usually wards off a cruel and dishonourable death, and virtus is the badge of Roman race and breed. Cling fast to it, I beg you men of Rome, as a heritage your ancestors bequeathed to you. All else is false and doubtful, ephemeral and changeful: only virtus stands firmly fixed, its roots run deep, it can never be shaken by any violence, never moved from its place. With this virtus your ancestors conquered all Italy first, and razed Carthage, overthrew Numantia, brought the most powerful kings and most warlike peoples under the sway of this empire.' Philippics, 4, 13. See Ibid.

41 Ibid., 12-15.

42 Nathan Stewart Rosenstein, *Rome at war : farms, families, and death in the Middle Republic* (North Carolina Press, 2004).

43 McDonnell, *Roman Manliness: Virtus and The Roman Republic*, 3.

44 Ibid.,199-200.

45 Ibid., 200-203.

46 Ibid.

47 Ibid., 303-304.

48 Carney, Elizabeth Donnelley, 'Women and Masculinity in the Life of Alexander', *Illinois Classical Studies*, 44.1 (2019), 141-155.

8 世紀
|
11 世紀

維京戰士：為末日之戰而活

多虧近年好萊塢電影《雷神索爾》（*Thor*）及影劇圈對維京文化的描繪——例如《維京傳奇》（*Vikings*）——維京人在現今大眾心目中有著野蠻嗜血、勇猛健壯、善於戰鬥的形象，而這種形象和現在所想像的古代男子氣概完美地接合。這些影視作品所呈現的維京男人刻板印象，要從維京人的文化及歷史談起。

令人聞風喪膽的維京人

維京人的英文為 Vikings，意指前來搶劫或善於交易的北方人，包括今日居住在丹麥、挪威及瑞典的民族。古諾思語（Old Norse）的 *Vikingr* 一詞代表了海上戰士，而 *viking* 指的則是海上探險。維京人最早在各地都有不同的稱呼：法蘭克王國稱其為「諾曼人」（*Normannir*）或「丹人」（Danes），意為北方來的人；不列顛島上的盎格魯薩克遜人就是稱其為丹人。在愛爾蘭，他們則是被喚作「異教徒們」（*Pagani*）。從各地區對維京人的稱呼，可以看出一個共通點：他們是一群從北方來，且跟我們不同的人。對盎格魯薩克遜人來說，這些維京人造成了極大的威脅，因爲他們會時不時來到不列顛劫掠土地及錢財，且兇猛異常。當時統治英格蘭的國王艾德烈德二世（Aethelred II）爲了應付和維京人的戰鬥，便向人民徵收「抗丹稅」（Danegeld）。[49]

英格蘭人民對這批北方來的丹人所抱持的恐懼，大概就像中國歷史上中原居民與遊牧民族的關係——這些不在體制內、挾著強大戰力的外族，常常劫掠村莊，讓人民慘重損失。而對維京人來說，劫掠實際上像是一種兼差，平常他們是以耕種自己的土地或與鄰近國家人民貿易爲主，出口皮毛、琥珀、鐵、木材，以換取南方國家的金銀、絲綢、香料等；一旦時節艱困，他們就會越過海峽，或往鄰近地方劫掠。對於維京人爲何會於八世紀至十一世紀在歐陸及不列顛島上持續劫掠，目前尚有不少理論，但普遍都認同以下幾個原因：斯堪地那維亞的土地生產的糧食不足，再加上他們所信仰的宗教崇尚戰鬥，進而使維京人成爲無畏的航海者。維京人會將掠奪來的財寶帶回家鄉，並且由部落領主或王族進行分配。[50]

維京人的社會高度軍事化，這點可以從他們陪葬的武器數量看出來。以目前出土的維京人墓葬來說，只要是男性，都會有武器作爲陪葬品，包括刀劍、頭盔與長矛等，而年紀尚輕的男孩若在成年前便不幸過世，則會有比眞實武器小一號的玩具武器或練習用的武器陪葬。地位越高的男性，如氏族長老或部落領袖，陪葬的武器就越多。維京人在作戰時，通常會穿戴頭盔，手持刀劍或長矛，並以一面圓形盾牌作爲防禦。最特別的是，與大衆印象中穿著鎖子甲的中世紀戰士不同，維京人在戰鬥時，並不常穿著能保護軀幹的盔甲衣。維京人最主要的防禦裝備是盾牌，而非盔甲。[51]

維京戰士於現今大眾的刻板印象。

這樣的作戰裝備在其他民族眼裡看起來既瘋狂又大膽，而狂戰士（*berserkir*）一詞更是加深了維京人勇猛無懼的形象。狂戰士也被稱作「熊戰士」（Bear Warriors），因身上披著動物毛皮作戰而得名。*Berserkir* 一字可指披著熊皮上衣，也可指稱裸露上身，意即戰士在作戰時不穿盔甲的狀態。他們在戰鬥前會發出動物般的嘶吼，衝鋒陷陣，不顧自身安危，更會在作戰前啃咬自己的盾牌，表示求勝的決心。在不少北歐傳奇（saga）中，都可以見到狂戰士的蹤跡。[52] 在以戰爭爲常態的中世紀裡，這樣的勇猛更是男子氣概的極致表現。如果說戰場上的勇猛是男子氣概的最高標準，那麼維京人的勇猛就是超越男子氣概的高標，進入瘋狂的境界。

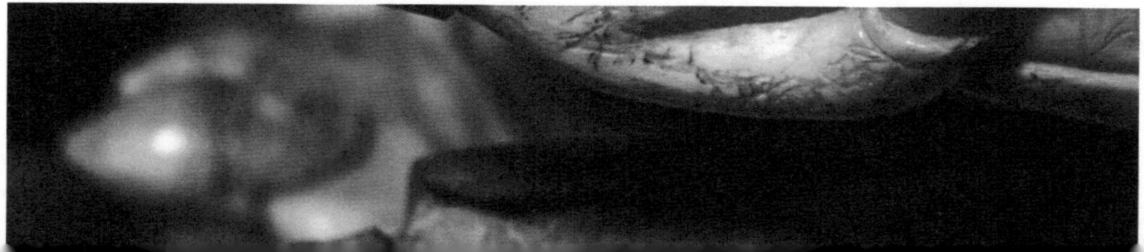

路易斯棋（Lewis Chessmen）中的狂戰士形象。路易斯棋為一組十二至十三世紀時挪威的棋子，其材質為海象牙及少數的鯨魚骨。現存於蘇格蘭國家博物館。

從信仰差異到劫掠習性，非基督徒的維京人對其他基督徒民族來說，就是一個可怕且瘋狂的民族。但對維京人來說，這樣的勇猛源自於他們的信仰，而信仰也造就了維京人的男子氣概。如果要以一句話簡單定義維京男子氣概的特色，那就是「以進入英靈殿（Valhöll）爲目標的勇猛」。

以死亡為榮的男子氣概：英靈殿

北歐神話不只有大衆熟悉的北歐諸神：奧丁、洛基、索爾、海姆達爾等等，還是托爾金筆下《魔戒》三部曲世界觀的原型。在北歐神話中，宇宙是一棵世界之樹（Yggdrasil），主要分爲三大部分：神域、中土及冥界。「英靈殿」位於神域之中，女武神及英勇戰死的人類英雄就居於此處。在北歐神話的預言中，世界最終會迎來末日之戰（Ragnarök），而主宰世界的阿薩神族到時就會滅亡，因此衆神之父奧丁想方設法要集結最英勇的戰士，在末日時爲阿薩神族一戰。衆神及女武神們會親自挑選人間的英勇戰士，在他們於人間戰死後，將他們的靈魂帶至英靈殿。這些勇士每日在英靈殿的工作便是不斷跟彼此戰鬥、切磋武藝，就算被打死也沒關係，因爲到了黃昏，他們便會復活，繼續和女武神飲酒作樂，日復一日、年復一年，直到末日之戰到來。[53] 因此，對每一位維京男性來說，比起病死或意外過世，戰死才是最高榮譽，而且只有最勇猛的男性，才能被女武神選中，進入英靈殿。這項傳說可以部分解釋爲何在其他民族眼裡，維京人在戰鬥時看不見恐懼、只管衝鋒陷陣，因爲對他們來說，死亡並不可怕，相反地，它可以爲男性帶來永恆的生命及榮譽。

對維京人來說，榮譽更是一項至高無上的概念。榮譽在維京語裡寫作 *drengskapr*，而十三世紀的冰島學者斯諾里．斯圖魯松（Snorri Sturluson）更是認爲，勇敢的男人擁有極大的影響力，因此被稱作 *drengr*，意指有榮譽的男人，而榮譽的核心便是勇敢。學者勞倫．高庭（Lauren Goetting）分析了冰島的詩歌，指出 *drengr* 在維京文化中特指勇敢的年輕人或年輕的戰士，年長的男性則不適用這個詞彙。因此，*drengr* 代表的形象，即是爲了國王或領主奮戰、勇敢且忠心的年輕人。在不少詩歌中，也有以 *drengr* 作爲字根來形容「非常勇敢」的衍生詞，像是 *drangila*、*drangliga* 及 *fulldrangila* 這三個字，都是非常勇敢之意。[54]

身爲一位男性，就必須好好維持自己及家族的榮譽，這也是爲何流傳下來的北歐傳奇都是以復仇爲中心——如果家族的榮譽受到侵犯，就必須要報仇。一個無法保護家族榮譽的男人，無法被認可爲一位男人。以《沃爾松傳奇》（*Saga of the Völsunga*）爲例，男主角西格蒙德及其子辛弗尤特，都是爲了滅門之仇而踏上復仇之路。辛弗尤特甚至必須通過許多殘酷的考驗，例如：母親希格妮將衣服縫在辛弗尤特身上，藉此考驗他的忍耐力，或是將蛇放在麵團中，考驗辛弗尤特面對猛獸的能力。他通過考驗後，希格妮非常欣慰，認爲兒子長成了一個能夠捍衛家族榮譽的男人。辛弗尤特在死後被奧丁接回英靈殿，成爲爲了末日之戰而準備的英勇靈魂之一。以復仇爲主題的傳奇，多半挾帶著暴力成分，而這種暴力常常反映在男性的勇猛上。不僅如此，這種勇猛還必須是與生俱來的。不少北歐傳說中的英雄都是從小就展現出過人的勇氣，以《哈夫當》（*Halfdan the Black*）爲例，主角哈夫當在十歲時便隻身殺死了一位狂戰士。[55]維京人崇尚男性天生的勇猛，也讓人想起荷馬史詩裡的「血氣方剛」及「天生的勇氣」。對於英雄來說，勇氣必須是與生俱來的，不可以被訓練。

除了勇猛之外，我們也看見其他對於男性的要求。就像荷馬史詩中對血氣方剛的批評，在詩歌〈哈瓦莫〉（Hávamál〔The Words of Odin〕）中，就強調男性除了要勇敢之外，也要學會冷靜沉著。如果因爲一時大意而失掉性命，那麼即便再怎麼勇猛，也毫無用武之地，因爲死人無法再上戰場打仗。這首詩歌道出了男子氣概的標準除了衝鋒陷陣之外，沉著運用智慧也是男性應該追求的特質之一。[56]

英靈殿、榮譽及勇猛幾乎是男性的代名詞，性別的分野讓女性無緣享有這些詞彙；相反地，男性也害怕被女性化，顯示出男女的分野非常清楚。從古至今，歷史上沒有一個時間點看不見男性對於女性化的焦慮，也就是害怕自己「不夠 man」，而在維京人的文化裡同樣如此。從他們的傳說中可以得知，維京人認爲一位有榮譽的男性是不會使用魔法的，只有女性才會使用，因爲女性不夠強大，才需要借助魔法的輔助。有次因爲奧丁使用了魔法，洛基便嘲笑他「不像個男人」——男性是足夠強大的，因此不需要魔法。眞正的男人會不惜以流血的打鬥來達到目的。擔心男性女性化的憂慮也反映在法律上——冰島的法律《古拉格司法典》（*Grágás II*）第一五五條第六十九項，就明文禁止男扮女裝。[57]

穿透者與被穿透者

那麼，維京人是否會將同性戀的行爲看作是「女性化」的象徵呢？在前述古希臘羅馬的章節中，我們提到同性戀行爲是以「導師－學生」的方式進行，是男性間純粹且高貴的愛。同性戀行爲在北歐不是犯罪，只有中世紀的挪威明文禁止。維京人和古希臘羅馬一樣，並沒有明確的詞語區分何爲同性戀、何爲異性戀，因爲對他們來說，性愛中只分爲穿透者與被穿透者。利用自身陰莖去穿透另一人者，就是所謂的支配者，是屬於較具男子氣概的，而被穿透者則會被冠上女性化（effeminate）的名號。被穿透者本身若是女性，就不會有「女性化」的問題，但若被穿透者是男性時，就會被貼上「女性化」的標籤。對維京男人來說，這是對男子氣概的否認。而在維京人劫掠的習俗中，他們會把戰俘當作奴隸，若奴隸爲男性，他們會以強制性侵的方式，讓對方變成被穿透者、被支配者，藉以達到削弱、甚至根除男性奴隸的男子氣概。58

對於成爲被穿透者的焦慮與恐懼，也反映在著名的葛蘭文鐸石頭（Glavendrup stone）上。這塊石頭刻滿了盧恩符文，其中一句寫道：「誰敢移走這紀念碑，願他成爲被雞姦者。」（Raeta be whosoever damages this stone or drags it away to commemorate another）。59

對男性來說，被穿透者是以否定身爲男人的身分爲前提，因此，能讓男性建構男子氣概，並達到社會對一名男人的標準，就只能成爲穿透者。成爲穿透者代表他必須在性方面展現支配權，而最能讓男人展現支配權的便是女人。但並非每一位男性生來就懂得如何在性行爲中成爲支配者——性行爲甚至是需要學習的。在古希臘，男性能透過「導師—學生」的關係學習，那麼維京人呢？

山怪女作為性行為的啟蒙者

學者馬修．羅比（Mattew Roby）針對這點提出一項有趣的觀察。不少北歐傳奇都提到了英雄男主角與他的「山怪愛人」，這些山怪愛人並非人類，也非英雄最後結婚的對象，但她們都有一個共同點：她們都是英雄在冒險旅程中短暫、刻骨銘心的愛人。而在離開這些山怪女後，英雄就會和門當戶對的人類女子結婚。[60]

那麼，這些山怪女爲何會以相似的設定出現在不同的傳奇裡呢？

羅比認爲，這些女性扮演的是教導年輕男性成爲穿透者、支配者的關鍵角色。以〈奧瓦歐多〉（Örvar-Oddr Saga）這篇傳奇爲例，男主角奧多第一次遇見山怪女海丁格娜（Hildigunnr）時，海丁格娜的爸爸便暗示女兒應該要與男主角發生性行爲。故事敍述兩人在床上打鬧，奧多一開始居於下風，但他漸漸扭轉劣勢，成了主導遊戲的人。故事中也暗示奧多面對海丁格娜時的勃起，代表他從一位男孩轉變成爲男人。羅比同時分析其他三個傳說：〈卡涅辛格〉（Kjalnesinga Saga）、〈哈夫當那傳奇〉（Hálfdanar Saga Brönufóstra）及〈凱帝斯〉（Ketils Saga Haengs）都是類似的模式。在〈哈夫當那傳奇〉裡，山怪女布雅娜（Brana）甚至直接表示：「我想要生下國王的兒子。」——她想和英雄主角哈夫當那進行性行爲的意圖不言而喻。這些英雄男主角一開始都會猶豫遲疑，但最後都會在和山怪女的「遊戲」中占上風，逐漸學習成爲支配者。[61]

而從歷史面來看，這些山怪女只是一種隱喻，影射並正當化維京人婚前和情婦生活的事實。[62]男人需要一位更成熟的女性在婚前教導他成爲合格的穿透者，並在性方面達到社會對一位男性的要求。這個角色由情婦來擔當，實在是再適合不過。男性若在性行爲中表現得不夠積極，或無法成爲主導者，便會被認爲缺乏男子氣概。有了情婦的教導，男性在未來的婚姻裡就能有信心地透過支配女性來建立男子氣概。這些情婦多由地位低下的女性擔任，這也是爲何在傳說中，山怪女的住處通常是簡陋的農場，生活也比較貧困。

但是，爲什麼傳說要透過山怪來隱喻情婦呢？爲何不用一般地位低下的人類女孩？

羅比認爲，在年輕男孩因爲缺乏經驗而表現被動、需要學習時，山怪作爲非人的存在，並不會影響到男性的尊嚴及男子氣概。畢竟她們是超自然的存在，因此不需要擔心山怪女身爲「主導者」這一事實會貶低男子氣概。這些山怪不只行爲成熟，連心態也成熟。傳說都不約而同地將她們描寫成胸襟寬闊的女人，也都同意男主角去找門當戶對的人類女孩結婚，因爲那是他們的宿命。[63] 這理論也讓我們不禁開始思考，在不少傳說中，女性會和神祇變成的怪獸或動物進行性行爲，生下神之子——爲什麼男性的神一定要變成動物呢？不能就以男神的形象和人類女子（通常是皇后）生孩子嗎？或許我們可以從羅比的理論推測，即便在神話中，平凡男性的尊嚴也不能受到踐踏，因此男性神祇不能以人類男性的形象出現，更不能以此形象和女性發生關係，因爲這對一般男性來說，就等於是老婆出軌、給他戴綠帽。因此，男性神祇必須以動物的形象出現，和皇后生下神之子，才能不對男性的尊嚴造成影響。

英雄和山怪女的傳說，或許給了維京男性在婚前擁有情婦一個很好的藉口，但隨著維京人漸漸改變信仰，投向基督教懷抱，養情婦的習慣隨後也被禁止。而對於女人與性，中古的基督教世界又發展出另一種不同的理論來建構男子氣概。

49 Eric Chirstiansen, *The Norsemen in the Viking Age* (Blackwell, 2002), 1-3.

50 Ibid., 1-10.

51 D.M. Hadley. 'Warriors, Heros and Companions: negotiating masculinity in Viking-Age England,' in Crawford S and Hamerow eds., *Anglo-Saxon Studies in Archaeology and History* (Oxford University School of Archaeology), 270-284.

52 卡洛琳．拉靈頓著，管昕玥譯，《冰與火之北歐神話》（台北：大雁文化，2020），198-200.

53 Ibid., 205-231.

54 Lauren Goetting, ' "þegn" and "drengr" in the Viking Age,' *Scandinavian Studies*, 78.4 (2006), 375-404.

55 卡洛琳．拉靈頓著，管昕玥譯，《冰與火之北歐神話》, 145-152.

56 *Making of A Man: The Hegemonic Masculinity of the Viking Age* (Dissertation of MLitt in Archaeology at the University of Glasgow, 2012), 32-33.

57 Ibid., 24.

58 Kari Ellen Gade, 'Homosexuality and Rape of Males in Old Norse Law and Literature,'

Scandinavian Studies, 58.2, 124-141.

59 Ibid.

60 Mattew Roby, 'The Licit Love Visit: Masculine Sexual Maturation and the "Temporary Troll Lover" Trope', in Masculinities in Old Norse Literature, ed., Gareth Lloyd Evans and Jessica Clare Hancock (Boydell & Brewer, 2020), 37-58.

61 Ibid.

62 Ben Raffield, Neil Price, and Mark Collard, 'Polygyny, Concubinage, and the Social Lives of Women in Viking-Age Scandinavia,' *Viking and Medieval Scandinavia*, 13 (2017), 165-209.

63 Roby, 'The Licit Love Visit: Masculine Sexual Maturation and the 'Temporary Troll Lover' Trope', 37-58.

6 世紀
|
13 世紀

沒有性的男子氣概：中世紀神職人員的「真男人」理論

在中古的世界裡，人可以簡單地用宗教來分類：基督徒、穆斯林、猶太教及異教徒。我們在上一章提到，維京人揚棄原本的北歐諸神，逐漸轉向基督教信仰。與此同時，基督教的力量也越發強大。[64]當時整個社會可以分為三種人：祈禱的人（*oratores*）、打仗的人（*bellatores*）、勞動的人（*laboratores*）。

祈禱的人又可以再分為兩大類：牧師（priests）及僧侶（monks）。他們雖然都是服務神的人，生活卻有著天壤之別。僧侶必須宣誓守貞，無法結婚，且不涉入任何世俗事務，安靜地生活在修道院裡。而牧師就和一般人生活在一起，負責教會的世俗事務，也能結婚。他們的責任就如同牧羊人，照顧在俗世裡迷途的羔羊們。[65]

中世紀的男性認同危機

十一世紀的教宗格列哥里七世（Pope Gregory VII）發起宗教改革後，牧師也被禁止結婚，必須爲主守貞。在本書的導論中，我們曾提過男子氣概最重要的三個元素：對女性的性支配、軍事掌握權及政治支配權。被剝奪了行使性行爲權利的牧師，等同於在生活的各個層面被全面閹割。不同於自願守貞的僧侶，牧師原本可以享有性生活，並以此證明其男子氣概及身爲男性的事實。對牧師來說，身爲祈禱的人，便已被剝奪了拿劍戰鬥的權利，而上戰場是男性最原始、也是自古希臘以來最被重視的男子氣概。但在宗教改革後，他們更進一步被剝奪了從事性行爲、對女性展現支配的權利。牧師發現，兩性之間的分界開始變得模糊。[66]

不能和女人發生性行爲後，牧師還剩下什麼能將自己定義爲男性？

針對這個問題，喬．麥克那瑪拉（Jo Ann McNamara）提出了十一世紀至十二世紀因宗教改革而產生的男性危機（*herrengrage*），並討論牧師爲了解決此男性危機，如何將自己詮釋爲比世俗男性更加具備男子氣概的眞男人，重建了性別認知系統。麥克那瑪拉進一步提問，在生理上最能證明自己是男性的方式，便是和女性發生性行爲，而當他無法像個男人時，他還能被看作是男性嗎？[67]

在解釋神職人員如何將自己提升爲比男人更男人的眞男人之前，我們必須看一下爲何麥克那瑪拉將此時期的男性危機稱作 *herrengrage*。這個詞是對應女性危機（*frauenfrage*）而產生。女性危機意指十五至十八世紀關於「女性的天性是什麼？」的辯論。從古希臘到基督教宰制的中世紀，女性都是次於男性的生物，在生理上就是不完美的。在古希臘的醫療理論裡，女性是因爲在胚胎時沒有發展完全，因而生爲女人。古希臘人也認爲，女性事實上是有陰莖的，只是因爲沒有發展好而長在體內。甚至有記載說，原本爲女性的人在某個時間點長出了陰莖及鬍子，從不完美變成完美。亞里斯多德也說到，女性是缺乏理性的，因此無法如男性一樣從事高尚的思想活動。而基督教教義下的女性，天生就是一種缺陷。作爲夏娃的後代，女性比男性背負更多的原罪，生性魅惑，可以說引誘男人做壞事已內建在女性的天性裡。生來就有缺陷的女性，到底能否在智識上和男性達到同一水平？[68]

就是在這樣的脈絡下，麥克那瑪拉提出了「男性危機」一詞。造成男性危機的原因，包含了經濟、人口、政治及宗教。在十一世紀的宗教改革之前，保持獨身並不是教會大力推崇的概念。因爲在聖經的理論下，女性是不受控的、需要被監護的，因此亟需男性的監管——在家從父、婚後從夫，因此男性與女性結婚，是天經地義的事。若是因爲男性的獨身，造成有過多女性未婚，那麼便會危害到社會的平衡。但在十一世紀時，人口急遽增長，在長子繼承制下，許多無法像長子一樣繼承財產的年輕兒子們，就會被送至修道院，因此也造成「祈禱的人」人數增加。而女性人口增加的比例又超過男性，再加上戰爭頻繁，有不少女性選擇進入修道院，宣示獨身。而在教會的理論裡，爲上帝放棄性的女性，就已從女性的框架中解放出來。她們不再被視爲世俗的女性，而能從事許多男性的工作，像是以勞力耕種，也能學習知識、抄寫經文，從事以往不許女性參與的神聖工作，甚至在智識上和男性並駕齊驅。但這卻替獨身的僧侶帶來了危機感。當女性擺脫了宗教賦予其「天生瑕疵」的理論，從事和男性一樣的事，那麼，男性該如何將自己和女性區別開來？[69]

神職人員已被剝奪了最具象徵性的性支配權，再加上擺脫了傳統女性束縛的修女，讓他們的男性認同岌岌可危。九九五年，法國的聖人艾保（Abbo of Fleury）便提出一個理論，將服務上帝的男人分作僧侶、神職人員及世俗職員，並宣稱「離女性越遠越神聖」。而在對待女性這方面，克呂尼修會（the Cluny）率先拒絕讓修女做和他們一樣的工作，女修道院也在不少宗教會議上被攻擊、並被剝奪修女們可以做的工作。70

麥克那瑪拉也指出，宗教界的厭女情結在十一世紀到達頂峰，再加上神職人員被強制守貞，性行爲及女性都遭到污名化。這在不少文學作品及歷史記載中都可以看到。英格蘭史家奧德列克（Oderic Vitalis）記載了一群諾曼第女性集體要求征服者威廉（William the Conqueror）將在前線作戰的丈夫送回家，因爲她們想念和丈夫魚水之歡的時光。神聖羅馬帝國的亨利二世（Henry II，Emperor of Holy Rome）也被史家描述爲「極度討厭性行爲，因爲他對上帝很虔誠」。無獨有偶地，英格蘭的懺悔者愛德華（Edward the Confessor）也被記載爲極度虔誠的國王，這也是爲何他和王后之間沒有子嗣。相反地，在史料中，亨利二世及懺悔者愛德華兩人的王后都被懷疑有婚外情。71

在厭女情結以及將女性與性行為污名化的情況下，神職人員更有理由保持獨身，再藉此重新定義性別，在男性和女性之外，另外獨立出了「神職人員」這個類別——一個超越男性的存在。牧師與僧侶會比一般男性高尚，是因為他們將男子氣概帶到了一個新的境界：他們不像靠著作戰來征服敵人的傳統男性。神職人員是用聖經來征服並教化敵人，不流一滴血，而這也是主認可的方式。他們不像一般男性，不需藉由和女性發生性行為來證明自己是男性，他們是眞男人，因為眞正的男人會嘗試壓抑一切雄性的衝動本能。

兩個W：女人及武器

所謂的「雄性本能」，事實上就是傳統對男子氣概的定義：逞兇鬥狠、崇尚武力與對女性的支配等等。而對男性神職人員來說，雄性本能是與生俱來的，在主的面前，只有能壓抑這些本能及慾望的人，才是眞正的男人。本能的慾望可分爲兩個W：女人（women）及武器（weapons），由此可見，男子氣概的核心就是對性與戰爭的支配，但在「眞男人」的理論中，唯有克服這些慾望的男性，才是最具男子氣概的。以性來說，壓抑性慾、爲主守貞是一場「爲貞潔而戰的戰役」（battle for chastity）。學者賈桂琳・莫瑞（Jackqueline Murray）指出，在眞男人的理論中，使用了許多與戰爭相關的用字——例如戰役（battle）——而這些都表現出在強調壓抑慾望的同時，神職人員還是以軍事語言來表達男子氣概。這不只是壓抑慾望，還是一場與自己慾望的戰爭。神職人員無法眞正拿起武器，但他們將克制慾望的困難及重要性提升到和戰爭同等的位置。[72]若從希臘羅馬的傳統來看，軍事武力是男人的一大徽章，戰士永遠是占據霸權陽剛的一群人。相較之下，整天坐在書桌前抄寫經文的神職人員，反而顯得文靜且女性化。成爲戰士就能成爲男人——這樣的想法透過文化及歷史深深影響著男性，或許也因此刺激了神職人員在書寫上頻繁地使用軍事語言，卽便那是他們在現實中不被准許擁有的生活。

莫瑞認爲，傳統的男子氣概和戰爭及武力息息相關，導致神職人員在證明自己的男子氣概時，必須想方設法地將自己比擬成戰士。她引述了一段發生在西班牙修道院的紀錄：一群來自巴伐利亞的學者想觀看通靈術如何執行，便央求老師表演通靈給他們看。老師拗不過要求，於是召喚了惡魔。惡魔被召喚出來後，爲了引誘這群學者，它變成了身穿盔甲、手持長矛的戰士，不斷蠱惑學者加入戰事的陣營。眼看不成功，惡魔便化身爲身材姣好的美女，魅惑學者離開原地，投入美女（惡魔）的懷抱。[73]我們從這個記載不難看出，對於神職人員來說，他們放棄的雄性本能，正是最大的誘惑。如前所述，女性本身就是誘惑，而在許多文學作品中，女性都被描繪成擁有強烈的慾望，如「亞瑟王傳說」中的皇后關妮微爾。而能克服女性誘惑的人，是超越了一般男性、更爲陽剛的存在。

許多宗教文書都記載了地位崇高的主教是如何抵抗誘惑，例如英格蘭熙篤會的僧侶阿列德（Aelred of Rievaulx），就被記載時常藉由浸泡冰水來壓抑自己的性慾。許多神職人員甚至認爲夢遺、自慰皆爲褻瀆神明的行爲，因此更進一步壓抑性慾，造成健康出問題。當時有不少醫生（physicians）建議神職人員，適度的自慰才是有益健康的。當然，這樣的建議被不少神職人員認爲是對神的大不敬，因此他們想出了一個方法——藉由在神壇前哭泣表示自己的虔誠，眼淚掉得越多，代表越虔誠，也代表越有男子氣概。相較於代表性慾本身的精液，在眞男人理論的脈絡下，同樣屬於體液的眼淚成爲了性慾的替代品，並在虔誠的包裝下，取代了傳統的男子氣概。[74]

真男人的焦慮

被剝奪性慾及武力的神職人員，巧妙地在基督教宰制的社會中，把自己置於比傳統男性更爲陽剛的地位。男性危機的背後隱含了神職人員時常被認爲「女性化、不算個男人」的焦慮。從外表上來看，不能拿武器的神職人員多數從事久坐的抄寫工作，並且需要穿著樸素的長袍、不允許過多的裝飾。莫瑞在〈宗教生活陽剛化〉

（'Masculinizing Religious Life'）這篇文章中提到，曾經有個喜愛過度打扮的僧侶，在臨死之前，聖母瑪麗亞在他的床頭顯靈，狠狠地巴了他的頭一下，責罵他太過於注重外表。[75]這則記載大概是要告誡神職人員，他們已是被世俗認爲女性化的一群人，不可以再過度裝飾，破壞自己的名聲。事實上，過度熱中於裝飾的男子（dainty）從古希臘羅馬時期就被認爲是女性化的。在羅馬時代的描述裡，甚至認爲愛打扮的男子是過度縱慾的，在性行爲中也樂於當被穿透者。[76]而如同前面所提到，被穿透者就是女性化的被支配者，有損男性尊嚴，因此神職人員應該極力避免自己成爲被穿透者。威爾斯的英格蘭教士傑洛德（Gerald of Wales）便提醒神職人員要不斷對抗慾望，因爲這是他們最大的挑戰。[77]

爲了讓自己成爲比男人更男人的存在，神職人員就像是走鋼索的人，小心翼翼地維護自己建立起的眞男人理論，不讓自己從神壇跌落。而眞男人理論也導致了一個問題——麥克那瑪拉表示，新建立起來的男子氣概理論幾乎將神職人員神聖化，不只在現實生活中將女性逐出許多公共領域，包括大學及教堂，甚至出現了「男性取代女性」的聲音。坎特伯里的聖安森（Anselm of Canterbury）便主張，自己及耶穌都具備了聖母瑪麗亞的溫柔及母性；聖伯爾納鐸（St Bernard of Clairvaux）也認爲，所有修道院院長都該要像個母親一樣對待底下的僧侶，而不是用威嚴及支配的方式，否則只會讓僧侶離他越來越遠。[78]

而弔詭的是，上對下的支配關係也是男子氣概一項重要的元素，沒有威嚴與支配力量的院長，很難證明自己是個男人。我們將在下一章討論到，如何藉由上對下的支配關係來展現男子氣概，並且讓小男孩藉由這個關係學習成爲一名陽剛且充滿男子氣概的男人，並成爲自己家的家父長（*paterfamilias*）。

64 Jacqueline Murray, 'Masculinizing Religious Life: Sexual Prowess, the Battle for Chastity and Monastic Life,' in P. H. Cullum and Kathrine K Lewis eds., *Holiness and Masculinity in the Middle Ages* (Toronto: University of Toronto Press, 2005), 24.

65 Ibid., 26.

66 Ibid.

67 Jo Ann McNamara, 'The Herrenfrage: The Reconstruction of the Gender System 1050-1150,' in Clare A. Lees, Thelma Fenster and Jo Ann McNamara eds., *Medieval Masculinities: Regarding Men in the Middle Ages* (University of Minnesota, 1994), 1-27.

68 Ibid.

69 Ibid., 6-7.

70 Ibid.

71 Ibid., 9-10.

72 Murray, 'Masculinizing Religious Life: Sexual Prowess, the Battle for Chastity and Monastic Life,' 29-30.

73 Ibid.

74 Ibid., 32-33.

75 Ibid., 32.

76 Kelly Olson, 'Masculinity, Appearance, and Sexuality: Dandies in Roman Antiquity', *Journal of the History of Sexuality,* 23.2 (2014), 182-205.

77 Murray, 'Masculinizing Religious Life: Sexual Prowess, the Battle for Chastity and Monastic Life,' 36.

78 McNamara, 'The Herrenfrage: The Reconstruction of the Gender System 1050-1150,' 1-27.

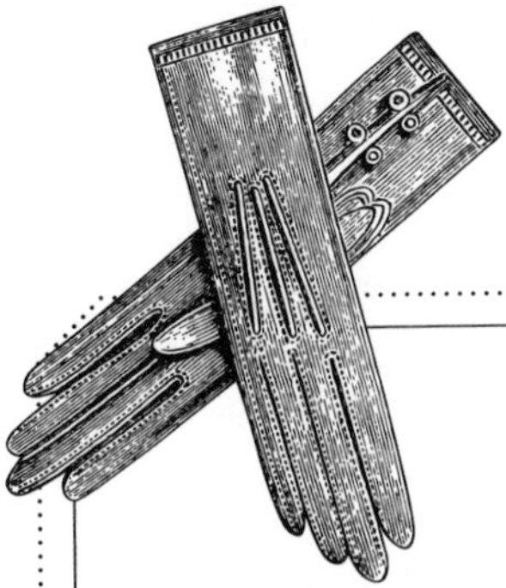

8 世紀
|
16 世紀

從弒父到超越父親：中世紀的父子關係

支配與一家之長

男子氣概的核心就是支配及掌控，而若以社會的最小單位來計算，這種掌控便是落在一家之長身上。一家之長的概念在羅馬時期非常重要，稱作家父長（*paterfamilias*），*pater* 即父親，*familias* 則是家庭。一個家庭的父親，即是這個家做主與掌權的人（head of household）。在羅馬法中，父親擁有絕對的權力，基本上可以決定這個家所有成員的生與死，包括妻子與孩子。舉例來說，當他的孩子出生時，他有權決定是否要讓這孩子活下來，也可以把孩子當作奴隸賣給他人，而任何孩子取得的東西，都會變成父親的財產。父親甚至可以在孩子犯錯時處死孩子。因此，這種權利也被稱爲 *ius vitae necisque*（right of life and death）。但是，羅馬時期的父親是否眞有如此大的權利，目前學界還有許多懷疑與辯論。學者布蘭特·尚恩（Brent D. Shaw）便認爲，這種決定孩子生死的權利，事實上從未被允許執行過。[79]

不論羅馬時期的父親是否眞有如此大的權利，家父長的概念仍貫穿了以父權體制爲主的社會，並且讓一家之長的概念延續至今。而要成爲一家之長，先決條件就是要成爲一位父親。一位男孩卽便是成年了，還是處於自己父親的管教之下，要到結婚生子、生下屬於自己的孩子，才能成爲所謂的一家之長。因此，成爲一位父親（fatherhood）有著重要的意義，因爲那是一位男人可以開始眞正行使支配權的起點。

矛盾的父子關係

父親不只是一家之長，更是男孩在學習男子氣概的過程中最初的模範。所有男孩在人生中第一個學習「如何成爲一個男人」的典範，就是父親。父子關係造就了兒子日後會成爲什麼樣的男人，以及在未來家庭中所扮演的角色。但父子關係卻是充滿矛盾的。在基督教中，父親就像牧羊人，要循循善誘地將孩子們帶至正確的道路上。但這樣的教導關係，卻又隱藏了不少恐懼——兒子害怕被父親殺死的恐懼。在舊約聖經中，神爲了試探亞伯拉罕對祂的忠誠，便要亞伯拉罕獻祭他的兒子以薩，最後因爲亞伯拉罕服從神，神因此賜予以薩活路。雖然舊約聖經是要傳達神可以爲了人犧牲自己的兒子耶穌基督，但這個故事也透露了兒子懷抱著可能隨時會被父親犧牲的恐懼。在不少文學作品中，這樣的恐懼轉化成了「超越父親」。父親不只是榜樣，還是要超越的對象。在父子關係中，以支配爲核心的男子氣概，造成了父子間既競爭又學習的關係，而打敗或在成就上超越父親，便成了奠定自己身爲男人的尊嚴的必要條件。而在極端的狀況下，超越父親就會變成「弒父」。如同《伊底帕斯》（*Oedipus Rex*）中的弒父戀母情節，以及「亞瑟王傳說」中的莫德雷得（Mordred），在這兩個作品中，都是兒子殺死父親、搶奪父親所擁有的一切。而對父親來說，兒子也可能會成爲潛在的對手。當眼前的男孩變成男人時，就是父親產生恐懼的開始。這種情緒在歷史上可以用繼承土地來解釋。

以英格蘭爲例，土地繼承以長子繼承爲主。但是，長子可能會因爲疾病或戰爭而過世，此時弟弟們就會成爲合法的繼承人。因此即使並非身爲長子，人人都還是有機會繼承土地。而這類繼承的先決條件是被繼承人的死亡，因此在不少關係不睦的父子身上，財產繼承也是造成雙方衝突的原因之一。除此之外，霸權陽剛也可能造成父子不睦。如前所述，父子間多是競爭的關係。當男孩漸漸長大，就必須挑戰父親的威嚴，才能建立自己的男子氣概，這樣的行爲也是在挑戰父親所建立的霸權陽剛。以征服者威廉及其子羅伯特（Robert Curthose）爲例，史家奧德里克．維塔利斯（Ordericus Vitalis）就形容羅伯特雖然勇猛異常，卻非常奢侈浪費。他從小就覺得父親威廉偏袒其他兒子，因此對父親一直懷恨在心。威廉征服英格蘭後，羅伯特也沒受到任何冊封，羅伯特甚至兩次（一〇七七年及一〇八三年）公然加入反對勢力，和威廉對抗。[80]英格蘭國王亨利二世（Henry II）與他的兒子們之間也一直存在著緊張的衝突。他和王后艾利諾（Eleanor of Aquitaine）生下了三位男性王嗣，但三個兒子都因爲父親緊握大權而起兵造反。最後，亨利二世靠著囚禁艾利諾，讓兒子們乖乖向他認輸。對於王室來說，男性繼承人是重要的資產，卻也是潛在的威脅。王室中的父子矛盾往往會比一般平民嚴重，因爲其中牽扯了複雜的權力及政治。就現在的史料研究，不難發現王室中的父子關係多數時候是非常緊張的，兩方都有可能在一夜之間顛覆政權。

但是，卽便父子關係在許多情況下充滿了競爭意味，父親這一角色可說是父權體制的根本。作爲一位父親，最重要的便是成爲一家之長，支配這個家底下的每一個人。這樣的概念也被延伸到生活中各個層面。以中世紀的封建制度來說，領主與封臣就是父子關係中支配與服從的體現。父親的角色穩穩地建構了父系社會及以父權爲中心的社會，男孩從父親身上學習如何成爲一位男人，以在成年後建立自己的家父長角色。但這也導向了另一個問題：對於沒有父親，或是成長過程中沒有父親的男孩來說，該如何學習男子氣概呢？

學習成為一位男人：本篤會的年幼僧侶

或許我們能以本篤會（The Benedicts）的年輕僧侶及中世紀的學徒爲例，窺探男孩在無父親的情況下，該如何學習成爲一個男人。

在戰爭不斷且死亡率極高的中世紀，男人的折損率比女性還要高，因此不少小孩是在沒有生父的陪伴下長大。如果母親並無能力再嫁、以取得資源撫養孩子，大部分孩子就會被送去修道院，在此長大。在衆多教派中，本篤會是少數有在收留及訓練年幼僧侶的教派。在《聖本篤準則》（*Regula Benedicti*〔*The Rule of Saint Benedict*〕）中，聖本篤（Benedict of Nursia）立下了許多規矩，其中有一大部分是在講述修道院院長的職責及權力。他認爲院長對於僧侶而言就如同父親，必須領導僧侶走向正確的道路。而帶領衆人的前提，就是他必須是支配者。聖本篤提到，院長不只必須清楚自己身爲支配者的角色，更要像牧羊人一般教導他的羊群。所有人都必須遵從院長的指示，不許任何人照著自己的意志隨意行事（Obey in all things the commands of the abbot, even though he himself should act）。[81] 坎特伯里的聖安森更是擴大解釋了僧侶的服從義務。他認爲僧侶不只需要服從院長的指示，更要對所有「學長」（較早進修道院的僧侶）表示服從。[82] 聖安森的話無疑是將這「支配—服從」的關係多層化，越是晚進來的僧侶，就有越多人要服從，而「學長」則是在「支配—服從」關係中不斷轉換身分。對於院長來說，他是被支配者，但之於晚進的僧侶，他則是支配者。

而對年幼僧侶的教育更是嚴厲。修道院嚴禁年幼僧侶的監護人送金錢給他們；做錯事時，多以杖責體罰，讓他們不再犯錯；年紀輕的男孩不准吃得比年長的男孩多；晚進的僧侶必須和學長睡在一起，以達到「老鳥帶菜鳥」、快速學習規範的效果。[83] 聖安森格外重視年幼僧侶的教育及紀律，他認爲年幼僧侶是尚未凝固的軟蠟，可以將他們塑造成理想中的樣子，因此對他們的教育格外重視。[84] 雖然《聖本篤準則》對於年幼僧侶的教育甚爲嚴格，聖安森仍在不少書信中表示，身爲院長，必須要像一位父親以愛來懲罰孩子，而不是嚴厲的體罰。[85] 就像在基督教中，天父是所有人的父親一樣，院長就是所有僧侶的父親。若進一步檢視《聖本篤準則》，其中也有提到院長的角色是嚴厲的主人、領導者，也是充滿愛的父親（He must adapt himself to circumstances, now using severity and now persuasion, displaying the rigour of a master or the loving kindness of a father）。[86]

沒有血緣關係存在的修道院極力塑造出一個家父長的概念，並規範所有人都必須遵從這位大家長。在大家長之下，「支配—服從」的關係更是層層往下開展，實際上就像封建制度一樣，透過下對上的絕對服從，來行使父權社會中最重要的支配權。

學習成為男人：中世紀的學徒

在宗教的規範下，修道院發展出自己一套行使支配權的方式，而在世俗事務上，我們可以舉中世紀英格蘭的學徒制（apprenticeship）爲例子。

學徒（apprentices）一字在英格蘭最早見於十三世紀。多數的男孩會在十四歲至二十五歲間出外工作，學習以後能養活自己的一技之長。一旦決定要進入學徒制，就必須和師傅（master）簽訂合約。以倫敦爲例，合約一般以七年爲準，沒有上限，因此當十年學徒的大有人在。[87]從合約中，就能看出師徒間明顯的「支配—

服從」關係。以一份一二四八年的合約為例，即將成爲學徒的威廉在合約中保證自己會以忠誠（good faith）的態度貫徹往後的學徒歲月，對於師傅會絕對忠誠及信任、不會偷或搶師傅的錢、真誠地收下他該收的薪水；如果不小心損壞了師傅的財產，也會賠償。而作爲他師傅的阿曼德則在合約中保證，會按期給威廉薪水，也會提供他食物，並照顧他。[88]

另一份同樣發生在一二四八年的合約中，我們看到學徒的父親在合約中保證兒子史蒂芬會對師傅保持忠誠（faith），絕不會偷師傅的東西，也不會在合約期間擅自離開。[89]合約中時常會出現忠誠這個字，這個字的含義事實上很廣，但其精髓展現在《行會規範》（*The Orders of The Guild*）中。這份規範提及，所有學徒都應該要學習敬畏神，並順從他的師傅，就像順從自己的父親一樣。[90]被擺在服從地位的學徒，不能做出任何違背師傅旨意的事。這種完全的順從，關係到學徒在日後合約結束後，能否成功離開師傅，出去建立自己的事業。十四世紀初，一位名叫戴奧尼西斯（Dyonisius le Feyner）的學徒，在法庭上由鄰居作證，在七年的學徒生涯中，他都對師傅保持忠誠，絲毫沒有違背師傅的命令及教導。[91]

我們在此處看到學徒制將「支配—服從」進一步推到嚴密的監控網中，學徒等同是在整個鄰近社區的監視下，扮演絕對服從的角色，讓上對下的關係進一步地強化。《行會規範》也說明了，沒有通過鄰居證明的學徒，不能離開師傅出去開業。[92]如此嚴密的規定，也反映出師傅對於學徒的複雜情感：學徒一旦自立門戶，就是他的對手了。因此，不少師傅會以不同藉口延長學徒的合約。如同前面所提到的父子競爭關係一樣，少了血緣關係的師徒，競爭關係更容易白熱化。因此，有不少學徒會在合約到期之前就逃跑，理由不外乎是師傅過度鞭打，或是沒有盡責教導、照顧生活起居。[93]

而對師傅來說，家裡來了一位新的男性，作爲一家之長的師傅就必須以各種手段管教學徒，讓家中維持秩序。許多師傅會禁止學徒喝酒，也禁止他們在合約到期前結婚，更不允許和師傅家中的任何女性發生性關係。對於師傅來說，學徒結婚等同是建立起另一個家父長，而就和學徒出去開業一樣，都會威脅到師傅的支配權。和師傅家中的女性發生性關係，更是嚴重侵犯到師傅在這個家對於女性的支配權。一位名叫理查的學徒，便因爲和師傅家中的女性發生關係，而被師傅扒光全身衣服，驅逐出門。[94]

不論是在修道院或師徒制，我們都可以看到，即便沒有生父作爲學習男子氣概的楷模，年輕男孩在被送進其他機構後，這種「支配—服從」的關係甚至會比原生家庭更爲強烈。因爲機構中的師傅或院長，都是身兼父親及老師的角色，進一步強化了支配者的角色。兩者都是讓男孩在多重的「支配—服從」下成長，並在這種關係中學習成爲一名男人。在他們長大後，同樣的「支配—服從」模式便會被複製，在可以展現男子氣概的不同場域中極力成爲支配者，更進一步鞏固父權社會的結構。

79 Brent D. Shaw, 'Raising and Killing Children: Two Roman Myths,' *Mnemosyne,* 52.1 (2001), 31-77; Richard P Saller, 'Pater Familias, Mater Familias, and the Gendered Semantics of the Roman Household,' *Classical Philology*, 94.2 (1999), 182-197.

80 Aird W. M, 'Frustrated Masculinity: The Relationship between William the Conqueror and His Eldest Son,' in ed., D. M. Hadley, *Masculinity in Medieval Europe* (London: Longman,1999), 39-56.

81 St. Benedict, *The Rule of Saint Benedict*, 30.

82 Walter Fröhlich, *The Letters of Saint Anselm of Canterbury,* 293.

83 St. Benedict, *The Rule of Saint Benedict*, 96.

84 Eadmer, *Vita Anselmi,* 20-21.

85 Ibid., 37-38.

86 St. Benedict, *The Rule of Saint Benedict*, 20.

87 *Letter Book C 1291-1309*, lx.

88 "Internet Medieval Sourcebook," last modified on 21/07/2013, http://aelflaed.homemail.com.au/doco/indenture.html.

89 "Internet Medieval Sourcebook," last modified on 21/07/2013, http://www.fordham.edu/Halsall/source/1248apprentice-ag2.asp

90 George Clune, *The Medieval Gild System* (Dublin: Browne and Nolan Limited, 1943), 91.

91 *Letter Book D 1309-1314*, 101.

92 *Letter Book G 1352- 1374*, xii.

93 *Calendar of Early Mayor's Court Rolls: Preserved among the archives of the corporation of the city of London at the Guildhall, A.D. 1298-1307*, 222.

94 *Calendar of Early Mayor's Court Rolls: Preserved among the archives of the corporation of the city of London at the Guildhall, A.D. 1298-1307*, 83.

12 世紀—16 世紀

白馬王子養成記：中世紀的騎士

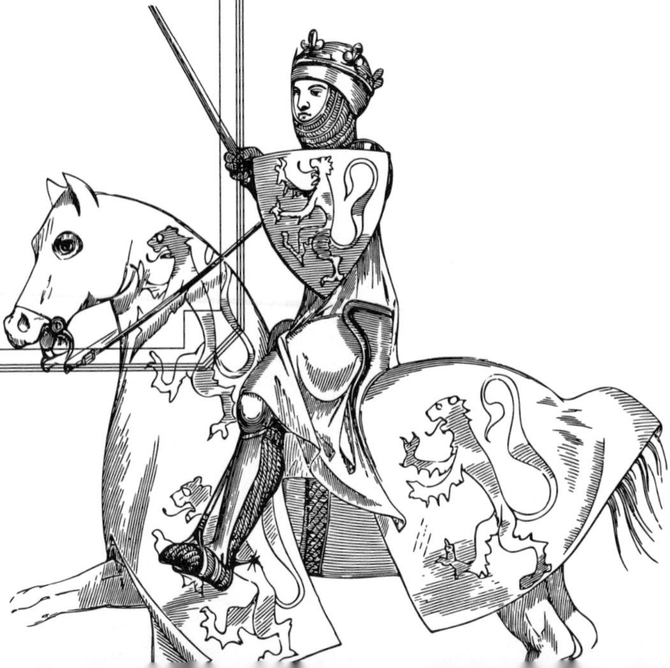

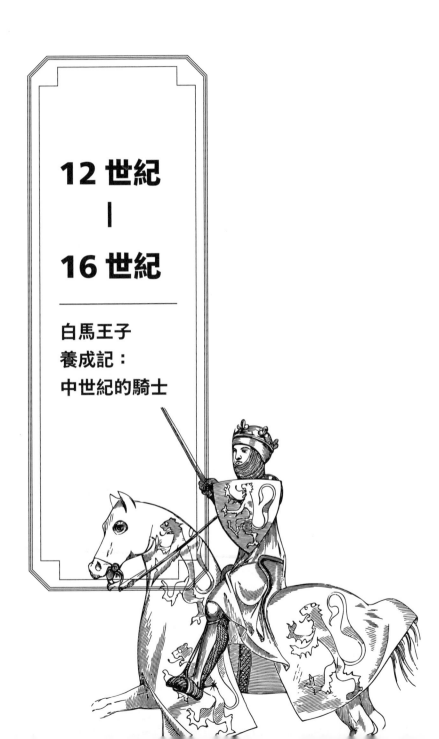

我們在前兩章花了不少篇幅討論神職人員的男子氣概。畢竟，在宗教宰制的世界中，神職人員重新定義男子氣概，等同彰顯了一項男子氣概的重要特質：它需要被大衆認可，而不是自己宣稱。神職人員被剝奪一切傳統男性展現霸權的權利後，便有必要建立一套新的論述，來證成自己的男性身分。那麼，在新的論述下，世俗的男子是否有受到任何影響呢？他們是否也放棄使用武力，認爲用聖經征服敵人看起來比較陽剛？

事實上是沒有的。

世俗的男子並沒有放棄使用武器，甚至在貴族階級中，暴力的展現還被常態化、表演化，也就是我們稍後會提到的馬上長槍比武（jousting）。在此之前，必須先簡單了解一下，時至今日仍持續影響男子氣概的「騎士」（knight）形象。

「騎士精神」或許是迄今許多女人在選擇另一半時的夢幻條件，我們通常會在韓劇裡看到這種情境——女主角快要跌倒時，運動神經發達的男主角一個箭步衝上前穩住女主角（現實生活中，女生大概會自己跌個狗吃屎），或是在女主角被眾人奚落時，帥氣又勇敢的男主角一把推開眾人、將女主角救出（現實生活中，女生自己走掉還比較快）。騎士精神有很大一部分圍繞在「對女人好」、「替女人解圍」等特質，一言以概之，就是要把女性捧在手心上，默默為她付出。但最重要的，還是要能替女人解決危機，而這部分也反映在某些英文片語中，像是「knight in shinning armour」（穿著閃亮盔甲的騎士）及「damsel in distress」（無助的美女），這兩句都能解釋成英雄救美。迪士尼的系列電影也多展現女主角在無助時愛上拯救她的男人（直到《冰雪奇緣》為止），不管這個男子的身分為何，最終我們都會將他形容為具有騎士精神。

不難發現，騎士這個概念似乎一定會跟女人連結在一起。但騎士這個詞，原本並無包含任何浪漫的元素，而是如字面上的意思一樣，意指騎在馬上打仗的士兵。可想而知，負擔得起馬匹的士兵，大多都來自貴族階級。而以英格蘭來說，騎士一詞是用來丈量土地的大小——騎士領地（knight's fee）是一種土地型態，代表足以養活一位騎士的土地大小。但到了十二世紀後，騎士也開始有了「遵循騎士精神生活的貴族」之意。那麼，騎士兩個字是從何時開始轉變爲擁有高貴形象的「騎士精神」（chivalry）？騎士精神起源於十世紀，當時法蘭克王國的貴族皆爲具備強大軍事能力的騎士（chevalier），而教會爲了約束貴族使用軍事暴力，便開始鼓吹騎士精神，認爲好的騎士應該要有道德感。到了十二世紀，騎士精神已經成爲一種風行歐陸各國的概念。[95]

誰可以成為騎士？

每個國家、地區甚至王室，都有一套自己的騎士規範，但整體而言不出以下這幾項準則：勇氣、忠誠、對宗教的虔誠、貞節、謙虛、對愛人從一而終以及武藝高超。宮廷文學（Romance）中的騎士幾乎都具備這些特色，就像「亞瑟王傳說」中的高文（Gawaine）、蘭斯洛特（Lancelot）及格拉海德（Galahad）。文學中的騎士精神美好純潔，我們也可以說，騎士精神的中心思想就是男子氣概的展現，而若以歷史的眼光來看，騎士也是父權體制下一種由男性獨享的遊戲。

先談談成爲騎士的先決條件。

前面提及，一名騎士必須是貴族的身分，但這個條件必須是在父母皆爲貴族的情況下才能滿足嗎？若是父親爲貴族、母親爲平民，或是倒過來的情況下呢？在父系社會中，即便是私生子，若父親是有名的貴族，那麼他也能躋身騎士的行列。但若是後者——母親爲貴族、父親爲平民——他們的兒子可能就沒有前者如此幸運了。

中世紀時的社會相信，男子氣概及一切與男性相關的美德，都是由父親傳遞給兒子，母親並不具備這種特質。因此，縱然生爲私生子，只要其父親是貴族，那麼他在先天條件上就可以被視爲騎士的一員。這裡也和前幾章提到的古希臘的血氣方剛、天生的勇氣及古羅馬的 *virtus* 概念相似：這些字詞都是男性獨有，將女性排除在外。而騎士的概念更進一步將男子氣概的特質變成只能在生物學上由男性傳遞給男性。從古希臘到中世紀，人們都認爲勇氣是天生的，要再加上生長環境，才能成長茁壯成一位出色的騎士。一本十五世紀的《騎士精神守則》（*The Handbook of Chivalry*）就提到，騎士情操是與生俱來的天賦，在男孩達到懂事的年紀時，就會漸漸顯露出來。這也是爲什麼他們喜歡聽大人講述各種騎士的英勇故事，也喜歡觀看騎士練習打鬥。[96]

但我們必須承認，天生的勇氣並不會讓一位男孩變成一位出色的騎士，一切都要經過學習，訓練如何讓自己的男子氣概表現出來，以此贏得騎士的頭銜。訓練從年輕時就開始，多數貴族會將兒子送往另一名貴族的家中寄宿（有時是地位平等的兩家人，有時則是封臣將兒子送往領主家中），一方面是要表示自己對另一位領主的友善，願意讓兒子在那裡當「類人質」，另一方面則是讓兒子在他人家中學會在封建社會下生存的一切必要技能。從最基本的開始——在餐桌旁端食物給領主——

而後才是和同儕一起穿上盔甲，練習武術。之所以要懂得如何侍奉領主，是要讓男孩明白階級之分——他們永遠是必須對領主忠誠的封臣，不可僭越了身分。97

和同儕之間的武藝切磋，主要是以馬上長槍比武爲主。這種比賽是由兩邊的騎士穿戴好盔甲、手持長槍，奮力策馬朝對手奔去，並得用長槍刺中對手要害、讓對手跌下馬才算贏。這種競賽充滿了個人主義，以個人的表現爲主，且深含向大眾炫耀男子氣概並向對手示威的意涵。這種馬上比武在眞正的戰爭裡其實幫助不大，也起不了太多作用，卻可以訓練騎士的膽量、勇氣及好勝心，意卽一切傳統男子氣概所涵括的特質。更重要的是，這項競賽不只讓暴力正常化、合法化，更透過直接在場上公開較量男子氣概，使贏家毫無疑問地證明自己是「男人中的男人」。98

但並非只要打贏比賽就行了，贏家還要贏得公平，不可使用任何小手段，否則便有違騎士精神。若你的對手沒有穿盔甲或配有相等同級的武器，你就必須讓他準備好所有對等的武器，才能開始決鬥。決鬥的時間點也與騎士精神有關。騎士間的決鬥很少是一言不合就當場大打出手，而是要約好一個時間，雙方做好赴死決心，依約前往決鬥。除此之外，騎士還要有憐憫之心，他們被期待要保護弱勢者（包含女性），在戰爭時期也不能任意燒殺擄掠、恣意縱情享樂。尤其是在對待婦女這方面，騎士唾棄藉由戰爭而對婦女施加性暴力的行爲。[99]

除此之外，騎士最被看重的特質，就是對領主及同袍的忠誠。中世紀的著名女作家克莉絲汀．皮桑（Christine de Pizan）就曾提到，一位高尚的騎士必須如同狗一樣，對主人忠心，對朋友忠誠。當主人遭受危險時，狗會挺身而出，拯救主人；而當來者是主人的朋友時，狗也會展現出親和的態度，上前嗅嗅朋友，而不是攻擊。此外，狗很聰明，也懂得回報，因此任何遵循騎士準則的人，都應該以狗當作學習的目標。[100]

文學裡的白馬王子 vs. 歷史中過度自負的騎士

但在現實生活中，這些崇高的騎士理想很少也很難被實現。搶奪、劫掠在中世紀還是十分盛行，沒有因宮廷文學或騎士準則而有所減少。學者理察．卡普（Richard W. Kaeuper）指出，中世紀的騎士實際上充滿了許多暴力行徑，在社會上造成許多問題。[101]我們或許可以說，騎士精神所展現的對象，基本上就不包括平民，而只套用在與自己的身分地位相近或更高的人。一位著名的中世紀法國騎士基恩二世（Jean II Le Maingre）就在自己的自傳中說明，騎士要保護的女性只有那些出身貴族的後裔。[102]

從這裡就可以看出，騎士的男子氣概不只限定了階級，連帶地，這種陽剛特質的對象也只局限在貴族。騎士的男子氣概事實上帶有自私及英雄主義的色彩，和《伊里亞德》中提到的個人英雄主義相似。因此，當時也出現了不少批判騎士精神的作品，認爲這種精神完全不能適用於眞正的戰爭，還會導致士兵過於自負、不聽從指揮官，只求個人表現，損害到整體軍隊的利益。約翰．法斯多費爵士（Sir John Fastolfe）寫的《貴族之書》（*Boke of Noblesse*）就提到，男人分爲兩種：武夫（Bold Man）及眞正的男人（Manly Man）。武夫的確很有勇氣，但總是不經大腦思考就衝進危險當中，甚至會留下許多爛攤子給他人收拾。而真正的男人都會經過縝密的思考後才行動，不會將自己及同伴置於危險之中。[103]

由此可見，男子氣概所代表的衝動、血氣方剛、個人英雄主義，從古希臘到中世紀都一路備受挑戰，因爲在追求個人成就及保全整體利益之間，時常充斥著衝突。若以戰爭的角度來看，國家需要的並非被過度男子氣概沖昏頭、只求個人表現的士兵，而是帶領全體打勝仗的真男人。學者波妮．衛勒（Bonnie Wheeler）便指出，不少歷史書籍都記載並讚賞 *vir modestus*——也就是「懂得自我控制的男人」，認爲這種男性才適合當領導者，因爲他們不會爲了追求個人榮耀而放棄整體利益。[104] 如同本書先前所提到的，凱薩在《高盧戰記》高度讚賞能自我控制的士兵。在凱薩眼中，光是有勇氣是不夠的，還要能控制自己的理性。亞歷山大也被形容爲懂得自我節制，對任何事都不過分耽溺。走筆至此，我們可以清楚地看見，歷史上不斷出現對於過多男子氣概的焦慮，讓男子氣概在勇氣這個核心概念外，也發展出另一項特色：自我控制及謹慎。我們可以視之爲抵擋毀滅性陽剛特質的良藥。同時，自我節制也漸漸成為社會定義男子氣概的標準之一，甚至是一個好的領導者需要具備的特質。

我們曾在古希臘的章節提到，過度衝動的男性如同野獸一般，毫無理性可言。而在中世紀，我們看見不少文學作品開始用狼人或變成野獸的男人（lycanthrophy）來刻畫過度的男子氣概。學者萊絲莉．唐那（Leslie Dunton-Downer）便指出，多數幻化成動物的人物是以男性為主，其中以狼人最為明顯。文學作品中少見女性狼人，因為其危險性與破壞力都是男性獨有的特徵，其來源或許可以追溯自維京人的狂戰士，也就是維京人章節所提到的、會在作戰前披上熊皮或獸皮、發出咆哮，以提升士氣的戰士。[105]在中世紀英格蘭詩人瑪麗．德．法蘭斯（Marie de France）的作品中，有許多主題是男性變成動物，像是〈優涅克〉（Yonec）及〈狼人之歌〉（Bisclavlret）。前者描述了幻化成隼鷹的王子與被困在沒有愛情的婚姻裡的女主角之間的感情故事，後者則描寫了身為狼人的丈夫慘遭妻子背叛，最後成功復仇的故事。[106]有趣的是，在瑪麗．德．法蘭斯的故事中，這些男性在變成動物後，仍然擁有完美騎士的所有特質：勇敢、堅定、忠誠。或許我們能將此解釋為女性在現實之外對理想愛情的描繪。現實中的騎士無法如騎士文學中完美無瑕，反而充滿了暴力的行徑，因此文學家便藉由動物的形象來發揮理想中的騎士精神。

男性的凝視：女性作為獎賞

女人是騎士精神及騎士文學中很重要的一部分。這種來自宮廷文學的宮廷之愛（courtly love），事實上是騎士精神很重要的根基。宮廷文學源自法國，其中Romance的字根也是由法文*romanz*而來。著名的宮廷文學包含《亞瑟王之死》（*Le Morte Darthur*）、《羅蘭之歌》（*The Song of Roland*）等，都是以擁有高尚情操的騎士為主角，在歷經各種冒險之後，終於找到他的摯愛（通常是公主），最後抱得美人歸。歷史上，以宮廷之愛及騎士文學聞名的皇后是艾利諾，她將閱讀宮廷之愛的風潮帶入了英格蘭。女性可說是騎士文學中不可或缺的要素，《亞瑟王之死》的作者湯瑪斯．莫樂利（Sir Thomas Malory）甚至認爲，騎士之間如果會有紛爭，肯定是爲了女性，而騎士就是爲了心中的摯愛而戰鬥。[107]莫樂利的論述其實隱含了一個意思：男性之間的純潔情誼之所以會生變，都是因爲女人。這種想法也反映在《亞瑟王之死》中爲了皇后關妮薇爾而反目的亞瑟及蘭斯洛特兩人身上。但這是否就代表了女人被視爲禍水呢？

或許並不盡然。

騎士文學提倡要愛著領主的妻子，也就是女主人，於是我們看到不少默默守護領主妻子的騎士，卽便知道女主人已是人妻，也要義無反顧地予以保護，並愛惜她。這種愛著女主人的情操其來何自？學者露絲．卡拉斯（Ruth Mazo Karras）提出了幾種解釋。第一，騎士對女主人的愛，事實上可能是出自於對領主的同性之愛，但在禁止同性戀的基督教世界中，只能以轉移的方式，讓自己對領主的愛表現在女主人身上；[108]另一個解釋是，和地位較高的女性戀愛可以使人進步，使騎士更想追求榮耀，甚至向其他男人證明自己能贏得地位較高的女性的青睞，以顯示自己的優越。[109]

我比較贊同後者。因為，對騎士最重要的馬上槍術競賽，實際上就是一個「男性凝視」的遊戲，而遊戲的觀衆有很大一部分是女性貴族。場上的男性表面上比的是武力，實質上則是要向其他男性展現勇猛及贏得女性芳心的能力。傳統上，觀衆席中的貴族女人最後要給贏家一個印在臉頰上的吻，而這也代表了贏家不論是在武力或愛情上，都證明了自己是較優越的一方。女性觀衆的存在，並非是為了讓騎士在她們之中找到自己的摯愛，而是透過贏得她們的芳心，向其他男子展現自己的霸權。[110]

在現代，騎士精神幾乎都被用來形容男女之間的關係，我們幾乎不會用「這男人對另一個男人很有騎士風範」來形容，而這也點出了女性在證成男子氣概中的重要性。在下一章，我們將談到男子氣概中最原始也最令男性焦慮的部分：對女性的性支配。

95 Sarah K. Douglas, 'Review: Chivalry in Medieval England', see 'The Ohio State University', last accessed on 5 June, 2021, https://origins.osu.edu/review/knighthood-it-was-not-we-wish-it-were

96 Geoffroi de Charny, *Handbook of Chivalry,* the 15th century. See Ruth Mazo Karras, *From Boys to Men: Formations of Masculinity in Late Medieval Europe* (University of Pennsylvania Press, 2002), 36.

97 Karras, *From Boys to Men,* 28-29.

98 Ibid., 20-65.

99 Ibid., 37-39.

100 Ibid., 61.

101 Richard W. Kaeuper, *Chivalry and Violence in Medieval Europe* (Oxford: Oxford University Press, 1999), 3

102 Karras, *From Boys to Men*, 39.

103 Ibid., 40.

104 Bonnie Wheeler, 'Masculinity in King Arthur: from Gildas to the Nuclear Age,' *Quondom et*

Futurus, 2.4 (1992), 1-26.

105 Leslie Dunton-Downer, 'Wolf Man,' in *Becoming Male in The Middle Ages,* ed., Jeffrey J. Cohen and Bonnie Wheeler (New York: Garland Publishing, 1997), 203-218.

106 Harriet Spiegel, 'The Make Animal in the Fables of Marie de France', in *Regarding Men in The Middle Ages,* 111-126.

107 Charles Moorman, 'Courtly Love in Malory,' *English Literature History,* 27.3 (1960), 163-176.

108 Karras, *From Boys to Men,* 50-53. 抱持著此說法的學者為 Marchello-Nizia。

109 Ibid.

110 Ibid., 47-57.

12 世紀
|
16 世紀

不舉的煩惱：
法庭上的
中世紀男人們

在所有構成男子氣概的支配權中，對女性的性支配是最原始、也是最容易透過生理展現，並證明自己是男人的一種。在古希臘羅馬及維京人的的章節中，我們提到了性行爲中的穿透者與被穿透者所代表的意象。穿透者擁有身爲支配者的優越地位，這是女性爲何永遠處在低男人一等的被支配者地位的原因之一——因爲女性永遠不可能成爲穿透者。

從性行爲到生活的各個層面，男性理所當然地是兩性關係中的支配者，但這也爲男性帶來從古至今不斷困擾他們的問題——性能力。

當對女性的性支配權是維持自身優勢的必要條件時，任何無法行使這項能力的男人都會被扣上「女性化」、「不配稱作男人」的大帽子，而這也是爲什麼神職人員會在格列哥里宗教改革後，發展出一套新的男人理論。在世俗的眼光下，神職人員不拿武器、整天坐著抄寫經文、無法和女性發生性行爲、被禁止參與政治等等，都讓他們被貼上「女性化」的標籤。不同階級的男性有不同展現男子氣概的方式，地位越高，方式越多。以貴族來說，他們可以透過馬上長槍比武或參與政治來展現自己的霸權，但對平民來說，大概就只剩下對女性的性支配能證明自己是男性，而這也是為何在中世紀，男性的性能力比想像中更廣受討論及重視。

因不能人道而離婚

在基督教的規範下，性行爲的行使必須要在法律的框架內，也就是合法的婚姻之內。所有婚姻外的性行爲都是基督教所不允許的（除了娼妓之外）。因此，人們唯一可以享受性愛的方式，只剩下婚姻。在不准許有婚前性行爲的教條下，婚姻對男女雙方都是一種風險，不像現代人可以先試穿試吃後再決定是否要購買，性生活更是如此。男性在這方面的確承受了極大的壓力，畢竟男人的性能力是性生活以及婚姻美滿程度的關鍵，但反過來說，女性「拆箱到瑕疵品」的風險似乎更高了一些，萬一自己的丈夫不幸陽痿、不舉，除了無法行使男人最原始跟生理上的功能之外，也就無法傳宗接代。這種情況下，女性該怎麼自救呢？畢竟，在正常狀況下，中世紀並沒有離婚這件事（只有婚姻無效），一旦結婚，效力就是持續到其中一方死亡為止——名副其實的至死不渝（如同英美的結婚證詞：只有死亡能將我們分開〔until the death do us apart〕）。僅有在少數情況下，可以訴請婚姻無效，包括重婚、當事人有血親關係或宗教上的關係（如教父、教女）、違反一方或雙方當事人的意願結婚、和未成年結婚、祕密結婚、假結婚，以及性無能。[111]

雖然這些婚姻無效的條件是男女皆適用，但性無能的情況大部分都是指涉男性。十二世紀的教會法法典《格拉提安教令集》（*Decretum Grantini*）就提到了一宗假設案件：一位女性在婚後發現丈夫因不舉而無法進行性行為，因此來到教會法院訴請離婚。法院准許後，女人便再婚了。但丈夫心有不甘，求遍名醫後治好了自己的不舉，因此再次向法院提起訴訟。法院驗明正身之後，證實該男子已恢復雄風，因此，法院判決女子再婚的婚姻無效，命令她回到前夫身邊。兩人再度恢復婚姻後，女子卻依舊無法享受到丈夫治好不舉後的快樂，因為該男子為了報復妻子，發誓終身守貞，讓妻子守活寡。

從《格拉提安教令集》爲這起假設案件所畫的插圖可以看到，該名曾經不舉的男子滿臉愁容地站著，露出下半身，生殖器看起來了無生氣。後方站著兩名女士，貌似是在檢驗他的陰莖是否能正常勃起，而從圖中看來，似乎是沒辦法。但或許對性功能正常的男子來說，要在法庭上脫掉褲子接受檢驗，也是不容易勃起吧。[113]

事實上，在大部分情況下，檢驗的過程是讓夫妻兩人一起在房間內舉行，並由被稱作「誠實婦女」（wise / honest women）的女性來負責檢驗。這些女人是誰呢？從誠實婦女這一詞來看，她們似乎給人耆老的印象。的確，誠實婦女中不乏年長已婚女性，或是寡婦、新娘的好友等等。但學者賈桂琳．莫瑞指出，這些執行檢驗的女性有不少是性工作者，因爲她們是最熟悉男性身體的人，因此理論上也能提供最正確的證詞。[114]誠實婦女的組成人數不定，有時多達十二位。學者亨莉葉特．雷瑟（Henrietta Leyser）指出，一宗於一二九二年發生在坎特伯里的案件，就請了十二位女性來鑑定被告是否不舉。另一件在一四三三年發生於約克的訴訟則記載，法庭請了若干位誠實婦女來鑑定一位名叫約翰的男子的陰莖。而這些女性向法庭作證，她們看見約翰的妻子在約翰面前露出一絲不掛的胸部，並且先用火爐暖手，再開始按摩約翰的陰莖，過程中她不斷親吻跟擁抱約翰，但也雜夾著各種羞辱的言語，認爲約翰不算個男人。約翰的陰莖在這過程中完全沒有增長或縮短，始終維持三英寸的長度。也就是說，約翰是無法勃起的。115

除了誠實婦女之外，有時還需要親朋好友來當證人。另一起也是在一四三三年發生於約克的案子，記載了原告凱瑟琳控告丈夫威廉不舉，因此訴請離婚。教會法庭開庭時，居然來了比十二位還多的證人，包括誠實婦女及威廉的一群好友。威廉大部分的好友都表示他們已祕密地檢查過威廉的陰莖，認爲完全沒有問題，而且是朋友之間公認最長也最具雄風的。一位朋友更表示，自己是十個孩子的爸爸，暗示自己的性能力絕佳，而威廉的「雄風」絕對可以生出比十個更多的孩子。除此之外，也有不少誠實婦女對於威廉的雄風感到滿意。但也有誠實婦女表示，威廉的陰莖完全無法勃起，無論她怎麼愛撫，威廉就是沒有反應。但威廉的朋友則反駁，或許是那名誠實婦女的手太冰，導致威廉性趣缺缺。另一方面，妻子凱瑟琳也接受了誠實婦女的檢查。誠實婦女一致表示，凱瑟琳的胸部上有些紅色的紋路，且有類似妊娠紋的痕跡，暗示了她並非處女，曾經被污染過（corrupted）。至於曾和她發生過性行爲的人究竟是威廉還是其他男性，我們不得而知。在性行爲只能在婚姻內發生的規範之下，我們僅能推斷，凱瑟琳曾和威廉有過性行爲。這也代表了凱瑟琳對威廉不舉的指控可能是假的。116

這起案件就停在雙方對於威廉雄風的爭執，從此消失在法庭紀錄中（案件的消失與殘缺在中世紀相當常見，原因很多，諸如前往法庭的旅途不順，或已經私下和解）。無法得知最後的結果雖然可惜，但這起案件反映出男性的不舉是需要經過多人驗證的，而且不只男方，女性的貞節也要一同檢視。因爲在沒有離婚概念的世界中，婚姻無效是一件嚴重的事，必須謹慎地檢視原告與被告雙方的意圖及眞實狀況。

透過這些案件，讀者們或許有發現，中世紀人在看待不舉時，並不只把它看作男方的問題，而是認爲夫妻雙方都有責任。更明白地說，丈夫不舉，妻子也有責任，或許是因爲妻子給了丈夫過多的壓力，或是她根本不是處女等等。因此，在檢驗雙方是否能進行性行爲時，誠實婦女會盡其所能地讓雙方處在最好的狀況，以利進行性行爲。十二世紀的修士湯瑪斯·傑伯汗（Thomas Chobham）就記載了「寢室檢查」（Bedroom Trial）的習慣及規定。夫妻兩人必須先酒足飯飽，之後再到床上溫存。誠實婦女必須接連好幾天命令夫妻倆重覆以上行程，如果丈夫的陰莖一直無法正常行使生育功能，那麼夫妻便可以在教會法規範下分開。[117] 另一位十四世紀的醫生蓋·索李雅克（Guy de Chaulia）則認爲，這些誠實婦女必須要溫柔地引導夫妻進行性事，先在夫妻倆身上塗抹按摩油，然後在爐火邊幫他們按摩，還要讓夫妻倆多聊天、多擁抱，再如實地將看到的情況傳達給醫生。[118] 從索李雅克的敍述可以看出，當時的人大概也意識到焦慮和緊張或許是造成不舉的原因，因此在檢驗男性雄風時，都會致力於讓夫妻雙方放鬆。

索李雅克也寫道，醫生要小心這些誠實婦女的說詞，必須反覆向誠實婦女求證，醫生才能在法庭上宣示該丈夫是否不舉。醫生要避免因爲錯誤、任何不誠實的詭計或證詞，而讓上帝指定結爲夫妻的人分開。從醫生的角度來說，判定病人是否不舉的檢驗當然不是一天可以完成，而是需要多天的觀察。醫生大概也注意到，性行爲的成功與否和身心狀況有關，因此在索李雅克和傑伯汗的論述中，都能看到他們期許誠實婦女能盡量讓夫妻放鬆，而不是讓兩人緊張，導致行房失敗。而在檢驗男性的陰莖時，同時也會檢查女性的處女膜是否完整。如果女性的處女膜不完整，在禁止婚前性行爲的世界中，只能推定讓處女膜不完整的人是她的丈夫，而假若丈夫的陰莖能夠勃起至劃破妻子的處女膜，那就代表妻子對丈夫不舉的指控是假的。[119]

要避免夫妻因爲丈夫不舉而分開，最好的辦法便是解決勃起的問題。中世紀的醫生極力想要找出不舉的原因，並分辨所謂的男性不孕及不舉。根據體液論，男性的身體及體液都是溫熱的，而在性能力上，男性更被分爲四種：第一種爲濕熱（sanguine），表示體液溫熱且濕潤，這種男性的慾望強，且性能力好；第二種爲乾熱（choleric），代表慾望強但能力不足；第三種爲濕冷（phlegmatic），體液冷且濕，代表慾望不強，但性能力好；最後一種爲乾冷（melancholic），代表慾望低落且能力不好。但即便屬於第四種的乾冷，也不代表一定會不舉。醫生也會從陰莖的外觀來判斷不舉機率的高低，例如：稀疏的體毛、過冷的皮膚或是細小的血管等等，盡可能找出問題並解決不舉。[120]

但若找不出原因時，該怎麼辦呢？

多數的時候，醫生會將原因歸咎到所有超自然的力量上，其中又以巫術及女巫（witchcraft）是最常見的代罪羔羊。中世紀人相信女巫有能力讓男性的陽具消失，並且收藏起來。女巫不只收集各種大小的陽具，更將它們掛在樹上，像在市集叫賣一樣，出售給想要的女性。各種尺寸，任婦挑選。[121]由此可見，男性對於自己的陰莖和性能力有一天會消失懷抱著深層的焦慮，深怕一不小心，自己就會失去身爲一位男性的資格。

男熱女冷：中世紀的男女精子理論

不像醫學發達的現代，對中世紀男人來說，不舉是從根本上否定了身爲男人的價值，無法擁有婚姻，更無法擁有子嗣。也就是說，他無法建立自己的家父長、成立自己的支配系統，在社會上格格不入。雖然基督教嚴格規範了性行爲，但他們也承認性行爲所帶來的高潮及愉悅，認爲這是婚姻中很重要的部分，更是女性懷孕的關鍵。基督教認爲婚姻的維繫有三大層面：忠誠、子嗣及神聖。[122] 如果無法達到高潮，就不能懷孕，但這也造就了許多女性的困境。對於被性侵害而懷孕的女子來說，她們無法在法庭上伸張正義，因爲會懷孕就代表女性在性行爲過程中有達到高潮，享受到了性的愉悅，因此並不構成性侵害的條件。另外，性行爲對於丈夫來說也是一件不得不做的功課。這並不是爲了要讓妻子滿意，而是爲了妻子的健康著想。根據中世紀的醫學理論，女性在性行爲中必須達到高潮，才能讓堆積在體內的廢物排出。如果這些廢物在體內堆積過久，就會使女性發瘋。學者布洛弗（Vern L. Bullough）更指出，根據希臘羅馬時期的醫療理論，由於男性的精液性屬濕熱且質地濃厚，能夠溫暖女性冰冷且質地稀薄的體液。男女體液的結合不只能避免女性發瘋，也是懷孕形成胚胎的關鍵，因爲男性的精子只能直線前進，無法轉彎，需要靠女性的體液把精子帶到卵子所在的空間。[123]

在這樣的理論中，性行爲本身至少就包含了愉悅、傳宗接代及讓伴侶不要發瘋這三個層面。對男性來說，行房幾乎是一種壓力龐大的責任。布洛弗進一步解釋，懷孕的前提是讓女性達到高潮，因此男性必須極盡所能讓女性愉悅，當然也必須花很多時間在性愛的前戲上。而這還不夠，小孩的性別也會代表丈夫的精子是否夠強。若生的是男孩，代表丈夫的精子極具陽剛氣質，能壓制女性的體液，因此小孩的性別爲男性；反之，若是女孩，代表男性的精子「打輸」了女性的體液，因此生下小孩的性別爲女性。在這種情況下，生女兒的爸爸還會被貼上「不那麼man」的標籤。但若女兒的長相和個性都像爸爸，這位男性還是會受到認可。最差的就是女兒跟爸爸完全不像，這就如同昭告全天下，自己的精子在妻子體液的圍攻下，全盤皆輸。[124]精子論述讓我們看到，男子氣概在被衡量時，有很大的浮動空間：並非這男人有或沒有男子氣概，而是以一種毫無上限的方式，讓所有男性在不同領域比較其男子氣概。沒有最 man，只有更 man。中世紀男性大概在脫衣前，都會想著自己的妻子是否會因爲自己表現不好而得精神病、若妻子沒有高潮就無法懷孕、若生女兒就會被鄰居笑話。若說女性天生帶著瑕疵，男性則是天生帶著過多責任與壓力，也難怪在寢室檢查中，誠實婦女的任務是讓雙方放鬆。

陽具崇拜和男性的性能力可說是父權制度中很重要的基礎，而這種理論是以自古希臘羅馬時就提出的陽具崇拜及體液論作爲根本。男性的精子珍貴，因此不可浪費，不能隨意自慰或有過多的性行爲；反之，他們也相信女性有精子（這些「女性精子」就如同今日的月經），但女性的精子是會致命的，所以女性需要每個月將這致命的精子排出體外。而既然如此致命，碰到女性月經的人當然也會有死亡的風險。根據普利尼（Pliny）的《自然史》（*Natural History*）所述，女性的月經能讓作物全都枯萎、美酒變酸、蜜蜂死亡、犬隻感染狂犬病，這些都是碰到女性月經的下場。這也是爲何男性比女性更爲尊貴優越的原因——男性的精子是萬物生命的泉源，不像女性是致命的毒藥。女性又濕又冷的體質，是女人生性狡詐的原因，也是性慾強烈的象徵，因此在本性上，女性比男性有更大的性需求。這樣的理論也和《創世紀》中夏娃引誘亞當吃下果實的故事相呼應：女性生性愛騙人，不可信任。

正在摘取男性陰莖的女巫。

111 'Feminae: medieval women and gender index', last accessed on 4 June, 2021, https://inpress.lib.uiowa.edu/feminae/DetailsPage.aspx?Feminae_ID=40908

112 Ibid.

113 Ibid.

114 J. Murray, *'On the Origins and Role of "Wise Women" in Case of Annulment on the Grounds of Male Impotence',* Journal of Medieval History, 16 (1990), 243.

115 Henrietta Leyser, *Medieval Women: A Social History of Women in England 450-1500* (Weidenfeld & Nicolson, 1995), 116.

116 Bronach Kane, *Impotence and Virginity in the Late Medieval Ecclesiastical Court of York* (York, 2008), 25-27.

117 Ibid., 115-116.

118 Vern L. Bullough, 'On Being a Male in the Middle Ages', in *Medieval Masculinities,* 42.

119 Leyser, *Medieval Women: A Social History of Women in England 450-1500,* 114-117.

120 Vern L. Bullough, 'On Being a Male in the Middle Ages', in *Medieval Masculinities,* 42.

121 Moria Smith, 'Flying Phallus and the Laughing Inquisitor: Penis Theft in the Malleus Maleficarum', Folklore Research, 39.1 (2002), 85-117.

122 Leyser, *Medieval Women: A Social History of Women in England 450-1500*, 115.

123 Bullough, 'On Being a Male in the Middle Ages', in *Medieval Masculinities*, 39-40.

124 Ibid.

125 Leyser, *Medieval Women: A Social History of Women in England 450-1500*, 96-98.

14 世紀
|
17 世紀

全才的要求：文藝復興與理想男人的形象

作爲銜接中世紀及近代的橋樑，文藝復興時期扮演著舉足輕重的角色。如果沒有文藝復興，近代的宗教革命、啟蒙運動與科學革命大概就不可能發展起來。文藝復興的英文 Renaissance 意指「重生」，歷史上泛指十四至十七世紀這段時期，並以重新閱讀古希臘羅馬的經典爲文化上的特色。文藝復興中最重要的概念是人文主義（humanism），認爲人類是宇宙的核心，而人類應該竭盡所能地去達成各方面的成就。但這並不代表人們就捨棄了宗教，宗教依舊是生活的中心，只是在宗教之外，文藝復興的人們開始關心在人類的能力範圍之內，人可以達到什麼成就。也是在這個時期，古騰堡印刷術加速了書籍的流通，讓知識的傳播更加快速。

而這樣的改變，對於男子氣概的定義有什麼影響呢？

理想的男性：全才

文藝復興強調人必須要讓自己的能力最大化，而且要做個「全才」（polymath），這個字意指博學的人，其意涵也囊括了文藝復興時期對於一個男人的期待，也就是做個「什麼都會的男人」。而要做一個全才，不只需要追求各方面的知識，在體能上也要力臻完美，必須能動能靜。事實上，文藝復興時期衡量男性的標準和古希臘有許多相似之處，因為其精神就是要回頭研究古希臘羅馬的各種經典。因此，這時期強調一個男人的博學、健談、熟稔社交禮儀，當然也崇尚健美的體態。

這樣的風潮可從人文學者里昂．阿柏帝（Leon Batistta Alberti）的傳記應證。阿柏帝與許多文藝復興時期的人文學者一樣，擁有許多專家身分，包括藝術家、建築家、詩人、牧師、語言學家跟哲學家，完美演繹了何謂文藝復興的理想男性。除了博學多聞之外，他的傳記描述他能在雙腳被綁住的情況下，向上跳躍超過一個成年人的高度，而他擲出的硬幣能一飛沖天，打到大教堂的天花板。雖然讀者無法確定這樣的敘述是誇飾還是屬實，但可以看出此時期對於一位人文學家的要求及期待：必須十項全能。[126]

以達文西（Leonard Da Vinci）著名的作品維特魯威人（Virtruvian Man）爲例，他在作品下方描述了人體的完美比例，表示雙手打開的長度必須和身高一樣高；頭的比例必須是身長的八分之一，肩寬不可超過身長的四分之一，而從胸部到頭必須是身長的四分之一等等。達文西對於完美比例的追求，也多少反映出這時代許多人文學者的思想：追求完人的同時也追求完美，要精通各類知識、觸類旁通，而不是略知皮毛就好。[127]

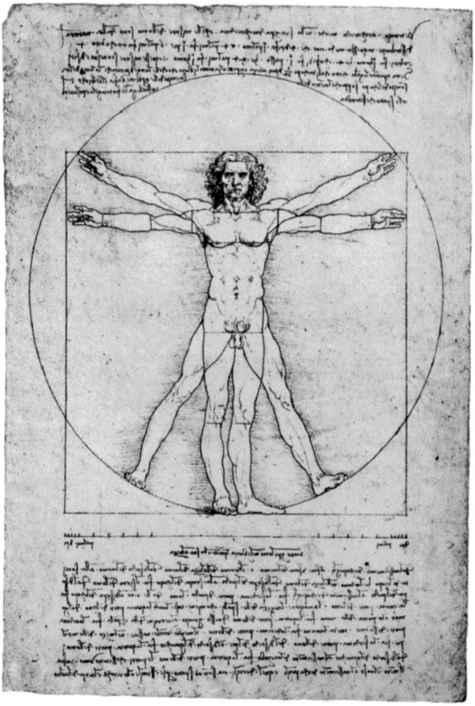

達文西所畫的維特魯威人，表現出男性理想的完美比例。

事先計畫好的毫不費力

但要成為全才畢竟不是一件簡單的事，必須分外努力才能辦到。但是否文藝復興時期的人都崇尚孜孜矻矻、勤奮向上、鎮日埋首書堆的男性呢？很可惜，根據卡斯廷林翁（Baldassare Castiglione）在十六世紀所撰寫的《廷臣之書》（*The Book of Courtier*），有地位的男性都應該以表現出「排練過的優雅及瀟灑」（sprezzatura）為目標。

「排練過的優雅及瀟灑」意指做所有事情看起來都毫不費力。用現代的意象來比喻，就像偶像劇、少女漫畫中那些明明平常都在玩、在打球的高富帥男主角，卻擁有高學歷或傑出的學術表現一樣。《廷臣之書》認為，男性的極致就是要表現出「排練過的優雅及瀟灑」，而這種特質也能吸引女性。我們可以從書中對一位好的廷臣的要求，看出對一名完美男性的要求：從知識、話術、宮廷禮儀到跳舞，廷臣什麼都要會；要懂得用花、武器、音樂跟自身的能力去引導君王做對的事。即便只是一位廷臣，他也必須是個全能的男人。

男大生的男子氣概和血氣方剛

自十三世紀起便蓬勃發展的大學，也加強了對男性成爲全才的期待，雖然能上大學的人多爲中產階級或是貴族，但中產階級甚至比貴族還多。知識藉由大學這類機構穩定地傳播，而對於「全才」的理想也在背後推了一把。學者露絲．卡拉斯分析了中世紀及文藝復興時期的大學男子如何展現男子氣概。年輕氣盛的男性透過大學開始建立類似兄弟會的情感連結，例如當新鮮人進入大學時，都必須經歷所謂的「新人歡迎禮」，內容不外乎是去酒吧喝到爛醉、受盡學長羞辱等等。程度之誇張，讓德國的厄福特大學（University of Erfurt）在一四四七年禁止了新人禮。大學生的生活除了學習之外，有很多時間都泡在酒吧，因此酒精是形成男性間情誼的關鍵（這點與今日的男大生驚人地相似）。但相對的，各種打架鬧事也會在酒精催化下惡化。不少大學生爲了模仿貴族的男子氣概，便在腰間配戴小刀或武器，只要一言不合便開打。卡拉斯認爲，這雖然和騎士之間一對一決鬥的精神相去甚遠，但也反映出青少年學習貴族男性決鬥的英雄形象。[128]從貴族身上學習及模仿的當然不只有打鬥，連衣著也是。學生開始把奢侈的布料往身上穿，甚至有學生在寫信回家時，信誓旦旦地說自己「沒有把錢花在像貴族一樣的衣服上，藉此來取悅女性」。[129]

大學男性在形成自身的男子氣概時，與女性之間的關係也是很重要的一環。可惜的是，大部分大學男性對女性的看法還是建立在貶低、甚至是厭女之上（這點似乎也與今日不少男大生相似）。進入大學學習本就是只有男性才有的權利，因此從入學這件事，就可以看出男性在社會上的優越地位。但這並不代表大學是個零女子氣息之地，事實上，男大生的周圍可能充斥著妓女。在十四世紀的巴黎大學（University of Paris）裡便有著有趣的現象：男大生在教學大樓的高樓層上課，下面的樓層則擠滿了妓女，準備在學生上完課後好好慰勞他們。如果有男大生拒絕，她們便會以「雞姦者」來辱罵男大生，指控他們是同性戀。有些學生會藉由幫朋友及考試官買春來獲得自己想要的結果。從男大生的生活來看，不難推論出他們對於女性的認識必定不完整。一份十五世紀的手稿便記錄了以下一段軼事：一位男大生想要追求鎮上的女孩，卻被好友極力阻止，原因是他只要跟女性待在一起半個小時，就會有兩周的時間無法專心讀書。再者，這位女士目前正在生理期，因此有致命的毒性。最後一個原因則是因為女生懷孕了，生父不詳，而男大生的朋友覺得女生只是狗急跳牆，想為孩子找個現成的父親。[130]大概除了最後一個原因之外，都可以看出當時的男性對女性抱持了各種建構在當時醫學與宗教理論上的誤解。不少男大生還因為時常騷擾或強暴城鎮上的女性而受到居民憎恨。卡拉斯也指出，在大學全男性的環境中，一方面強化了男子氣概，但另一方面，男性對女性的理解也越來越偏差。[131]

對女性理解的偏差，不只是建立在中世紀的宗教理論，認為女性就是瑕疵品、是不好的，也進一步將許多和女性相關的特質污名化。馬基維利（Niccolò di Bernardo dei Machiavelli）在《君王論》（*The Prince*）中就提到，運氣就像女人，如果你想要永遠留住運氣，就必須像對待女人一樣對待它——鞭打並駕馭，以男性所擁有的暴力及力量來制服女人（命運）。學者漢娜．皮特金（Hanna F. Pitkin）就指出，馬基維利有許多談論政治的作品實際上都指向一個核心——行事要像個男人。[132]另一位學者傑瑞．米利根（Gerry Milligan）也認爲，馬基維利在作品中將男子氣概和國家的政治狀況連結在一起，認爲義大利會從羅馬帝國時期的光輝淪落至群雄割據的義大利島，是因爲整體社會的「女性化」。屬於男性的光輝及美德漸漸消失，導致光榮不再。[133]不少此時期的思想或論述在評論國家及家庭之間的關係時，常以男女性別來比喻。在家庭內，丈夫是擁有至高無上支配權的人，屬於私領域；而在公領域，統治者則扮演著「男性」，支配臣民（女性）。[134]

衣著與男子氣概

撇除內在不談，文藝復興時期的男性比他們的祖先更會藉由外表來展現男子氣概，或說是更注重男性衣著及女性衣著的差別。學者伊莉莎白．柯瑞（Elizabeth Currier）便針對文藝復興時期的佛羅倫斯進行研究，探討宮廷文化如何透過服裝、禮儀、畫像，展現錯綜複雜的政治角力及男子氣概。從畫家提香（Titian）爲烏爾比諾公爵夫婦所畫的畫像〈法蘭切斯可公爵〉（Portrait of Francesco Maria Della Rovere）與〈艾麗諾拉公爵夫人〉（Portrait of Eleonora Gonzaga）可以看出，當時是如何描繪男子氣概及對兩性角色的期待。法蘭切斯可曾任教廷雇傭兵的隊長，且於一五〇八至一五一六年間擔任烏爾比諾公爵。在他委託提香製作的畫像中，可以看到他站挺了身子，全身穿戴閃閃發亮的黑色盔甲，右手作勢指揮，代表了擁有傑出的軍事能力。而長滿落腮鬍的臉則顯示了他的粗獷，也是身爲一個成熟男人的象徵。鬍子之於男人是個充滿男子氣概的象徵，因爲它代表一位男性從男孩蛻變成爲男人，不只擁有對女性的性支配權，更暗示了他有能力組成家庭，建立自己的家父長權利。相比之下，公爵夫人艾麗諾拉則是坐著，畫面整體顏色柔和，窗邊甚至還趴了一隻看似溫順的小狗，象徵對丈夫及婚姻的忠誠。

〈法蘭切斯可公爵〉

〈艾麗諾拉公爵夫人〉

有趣的是，仔細看法蘭切斯可的下半身，會發現他的陰部有一大包隆起的物體，讓人直覺想到公爵的陰莖。這種遮住男性陰莖的設計稱作遮陰布（codpiece），在十六世紀時蔚爲風潮，主要是因爲當時男性穿的上衣越來越短，會讓男性的陰部暴露在外。爲了解決這一問題，便利用遮羞布來遮住並保護男性的陰部。這種保護陰莖的設計在士兵的盔甲中也很常見，因此遮羞布的使用和武力也有很大的關連——這是一種很直接展現男子氣概的方式，讓人一目瞭然。[135]

學者維多莉亞．巴托（Victoria Bartels）也指出，除了遮羞布之外，男性也習慣在上衣裡塞滿填充物，讓自己的胸膛跟肚子看起來更突出。或許用現在的眼光來看，這根本就是啤酒肚，讓人帥度直掉三成，但在文藝復興時期，這樣的穿著代表了男性的勇猛，並被稱作「豌豆肚」（peascod belly）。之所以叫作豌豆，是因爲飽滿的上半身看起來就像成熟的豌豆莢，而有趣的是，豌豆莢事實上有性成熟的意涵。由此可見，以藉由衣著來表現男子氣概而言，男性最渴望展現的是軍事與性的支配，兩者都必須以一目瞭然的方式呈現。[136]

雖然以現代的審美觀來看，遮羞布跟大肚腩很令人匪夷所思，但有一項風潮卻流行至今，那就是黑色衣著。從中世紀開始，黑色漸漸被視作一種穩重、專業的顏色，而對男性來說，沒有比黑色更適合展現男子氣概的顏色了。當時的理論認爲，黑色不會因爲加入其他顏色就變色，充分代表了男性的堅毅不拔及忠誠。而黑色也代表了謹慎及極簡主義——這句話看起來很像是現代觀點，但伊莉莎白．柯瑞指出，達文西在《繪畫論》（*Treatise on Painting*）裡就提到，他所處的當代社會有太多人穿著華麗且色彩斑斕的衣服，還不如單穿黑色來得謹慎。一名英格蘭廷臣羅伯特．達靈頓（Robert Darlington）在一五九六年造訪梅迪奇宮廷時，就提到黑色代表了自我控制、有公民教養、謹慎且專一，在在讓人聯想起男性的特質。事實上，黑色衣服不只代表男性的美德，更給人一種信任感。當時有不少商人都會穿著黑色，藉以展現自己的誠實及可信賴度，以取得客戶的信任。黑色也理所當然地成爲「最 man 的顏色」，因爲其他絢爛的顏色都代表了女性化，只有女性跟女性化的男性才會將七彩繽紛的顏色穿上身，顯示自己陰晴不定，難以捉摸。[137]

布隆津諾（Agnolo Bronzino）所繪製的〈巴托羅謬·潘奇士塔奇〉（Bartolomeo Panciatichi）。畫中人即是穿著當時人認為穩重、男性的黑色。

將黑色作爲男性的顏色，事實上就是一種對於男子氣概被消磨的焦慮。不少文藝復興時期的人也對日漸華麗的服飾感到憂心，恐懼這會讓男性越來越女性化。根據柯瑞的研究，當時不少年輕人的穿著越發浮誇，而這種過度打扮的男子，在社會上被解釋爲在性方面容易成爲被動者，也就是所謂的被支配者，因此不少批評認爲，年輕男性在穿著過度奢華的服裝的同時，也漸漸失去男子氣概，最終將淪落爲被支配者。儘管如此，穿著華服的風潮在當時的義大利並不罕見。隨著日漸加深的貿易，以及精緻布料的發展，人們更容易取得奢華的布料，甚至整個歐洲都吹起了奢華服飾風，因此不少國家先後頒布了禁奢令，禁止人民穿著逾越自己身分的服飾。柯瑞就指出，不少人認爲這些奢華風潮都是法國人帶起的，包括低領上衣、過度裝飾的上衣，在在都消磨了男性最原始的男子氣概。一位十六世紀的佛羅倫斯作家喬凡尼・加薩（Giovanni Della Casa）更在作品《禮儀》（*Galateo*）中表示，年輕男孩常穿著過度奢華的緊身褲，並戲稱這些褲子是「嘉尼美德的褲子」（Ganymede's Hose）。嘉尼美德是希臘神話中的美男子，傳說中宙斯因爲覬覦他的美貌，便化作一隻老鷹擄走他。嘉尼美德在文藝復興時期的作品中常帶有同性戀的意涵，藉此批評這些年輕男孩是女性化的被統治者。[138]

學者瓊．凱莉也指出，不只是愛打扮的男子，廷臣本身也飽受「女性化」的攻擊，因爲他們爲了取悅君王而和其他廷臣競爭的行爲，像極了爲了得到君王喜愛而爭寵的女性。[139]但對於男人女性化的焦慮，並非文藝復興時期所獨有。事實上，從古希臘開始，我們就看到法律對於男性過度耽溺於同性關係的焦慮，再到被抹去所有男性特質的中世紀神職人員力圖建立「男人」的新定義，這些擔心男子氣概流失的焦慮一直都在。而這股恐懼也一直持續至當代，只是每個時期都有不同的焦慮原因，對男人女性化的恐懼，也不斷爲男性帶來新的壓力以及挑戰。不同時期的社會，都會產生有關如何加強男子氣概的不同論述，而隨著時間的演進，對男性的要求也越來越多，漸漸變成令人窒息的男子氣概標準。

凱撒·韋切利奧（Cesare Vecellio）所繪的〈威尼斯及義大利其他地方年輕男子的穿著〉（Dress of the Young Men of Venice and of other places in Italy）。

126 'Renaissance Man Journal', last accessed on 3 June, 2012, https://gainweightjournal.com/what-makes-a-renaissance-man/

127 Ibid.

128 Ruth Mazo Karras, 'Sharing Wine, Women, and Song: Masculine Identity Formation in the Medieval European UNiversities', in *Becoming Men in the Middle Ages,* ed., Jeffrey Jerome Cohen, Bonnie Wheeler (New York, London: Garland Publishing, 2000), 187-202.

129 Ibid., 189.

130 Ibid., 196.

131 Ibid., 194-198.

132 Hanna Pitkin, *Fortune is a Woman* (Chicago: University of Chicago Press, 1984), 293.

133 Gerry Milligan, 'Masculinity and Machiavelli: how a prince should avoid effeminacy, perform manliness, and be wary of the author', in *Seeking Real Truth: Multidisciplinary Perspectives on Machiavelli,* ed., Patrica Vilches and Gerald Seaman (Brill, 2007), 155-158.

134 Anna Becker, *Gendering the Renaissance Commonwealth* (Cambridge: Cambridge University

Press, 2020), 179-221.

135 Victoria Bartels, 'What Goes Up Must Come Down: a brief history of codpiece', See 'Cambridge University Research', last accessed on 3 June, 2021, https://www.cam.ac.uk/research/features/what-goes-up-must-come-down-a-brief-history-of-the-codpiece

136 Ibid.

137 Elizabeth Currie, *Fashion and Masculinity in Renaissance Florence* (London: Bloomsbury Academic, 2016), 101-104.

138 Ibid., 109-127.

139 Joan Kelly, 'Did Women Have a Renaissance', in *Becoming Visible: Women in EUropean History,* ed., Renate Bridenthal and Claudia Koonz (Boston: Houghton Mifflin, 1977), 150.

17世紀—19世紀

紳士俱樂部：彬彬有禮的男人

Gentleman，紳士，一個在現代社會對男性的尊稱，事實上最早見於一二二二年的英格蘭，寫作 Gentilman，用以形容貴族的後代。而在中世紀的著述中，這個字漸漸被加上了「值得尊敬」、「誠實」等正面意涵。[140] 十七世紀後，被以紳士稱呼的男性並不一定要具有貴族的血統，但通常都有一定社經地位。在現代社會中，紳士也常被用來形容家教良好、善於社交且呵護、禮讓女性的男性。紳士的形象就如同中世紀騎士的翻版，只是更現代化。但紳士形象的建構實際上和騎士有許多不同，要談紳士，就必須從 civility（禮貌）及 politeness（有禮）這兩個概念談起。

過度的矯飾及新紳士階級

上一章提到卡斯提林翁的《廷臣之書》以及其中強調的各種宮廷禮儀，但這種過度的禮儀就和文藝復興時期飽受批評的奢華服飾一樣，受到不少批評。提出「天賦人權」的約翰．洛克（John Locke）在《關於教育》（*Some Thoughts Concerning*

Education）中提到，教育的重要性在於從內在教化一個男人，而不只是流於形式的禮儀，因此他認爲「禮貌」此一概念可以矯正過去那種過度虛僞的禮貌，而且能結合一個人內在的美德及外在的禮節；而湯瑪斯．霍布斯（Thomas Hobbes）也認爲禮貌是一種美德，讓人們可以享受社交生活中的和平與舒適。[141] 但當時也有不少人認爲內在及外在可以當作兩件事來討論，例如切斯特菲爾德公爵四世便在寫給兒子的信中鼓勵他，對外禮節要做足、待人要和善，但要謹記，內心要保持警戒，盡量保守，不可如外表一樣友善。[142] 不論是由裡而外展現美德，還是只需戴上和善面具的禮貌，都可以看出對「社交」的重視。在社交生活上成功的男人，才能得到其他男性的認可。而這也進一步造就了「有禮」此一概念的產生。[143]

什麼是有禮？

在現在的英語中，politeness 單指禮貌，但在十七世紀末至十八世紀時則泛指一種美德，跟禮貌（civility）有著類似意涵。本書將這個字翻譯為「有禮」。在啟蒙運動時期，有禮儼然成爲紳士的必備條件。以十八世紀的暢銷刊物《觀察家》（*Spectator*）爲例，編者喬瑟夫．艾笛森（Joseph Addison）及理查．史迪（Richard Steele）便對在文藝復興時期被捧上天的「排練過的優雅及瀟灑」提出批評，認爲這個概念讓人虛有其表，因此提倡男性必須外表及內在美德兼具，並在刊物內評論時事、傳播知識，瞄準新興中產階級男人，希望將知識及哲學從大學和圖書館中帶到一般人常去的酒吧與咖啡館。

在繼續談論這個新思想對男子氣概的影響之前，我們要來談談咖啡館。英格蘭的第一間咖啡館座落於一六五〇年代的牛津，當時主要的消費者皆是具備高等教育程度的大學生，在咖啡館中高談學術理想及成就。可想而知，和當代專門休息聊八卦或拍網美照的咖啡館不同，一開始的咖啡館是菁英階級針砭時事及談論理想之處。但從一六六〇年代之後，倫敦的咖啡館如雨後春筍般冒出，也漸漸變成中產階級聚會時的首選。咖啡館又被稱作「一塊錢大學」（penny university），因為在當時，只要付一便士，便可以進入咖啡館享用一杯咖啡，並聽到各種不同的政治八卦與知識。[144]當在咖啡館參與政治討論、與人社交變成生活不可或缺的一部分後，這件事自然也就成為定義男人的條件。如同在古希臘，所有具公民身分的男子都會參與公民會議並在其中高談闊論一樣，十七、十八世紀的中產階級男性也將上咖啡館、參加各式俱樂部視為建立男性認同的一部分。

隨著海外貿易的興起，參與咖啡館社交的人也從傳統的知識分子擴張到中產階級的商人。資產階級的男性越來越多，改變了傳統對於紳士的定義。並進一步改變了紳士的男子氣概（gentlemanly masculinity）的特性。學者吉里安．威廉森（Gillainn Williamson）就針對十八世紀出版的《紳士雜誌》（*Gentleman's Magazine*）進行研究，總結出在資產階級的影響下，透過教育或靠著自身努力而致富，成為了特別令人景仰的男性美德，而財富也漸漸變成衡量一位男性是否為紳士的標準之一。[145]

十七世紀的咖啡館是文人聚會的場所。

紳士守則

紳士男子氣概的風潮一直持續到十九世紀，藉由提倡「新好紳士」（New Polite Gentlemen）——由內而外的美德——來塑造紳士形象。而有禮作爲紳士的核心，其精神大致可從一八六〇年由西索．哈特利（Cecil B. Hartley）所著的《紳士的禮儀》（*The Gentlemen's Book of Etiquette*）中看出。書中認爲眞正的「禮」是一種打從心底流露於外的眞摯，它讓人變得友善、慈愛、爲人著想。而禮最重要的中心思想就是愛人如愛己。作者形容，禮是個可以爲你贏得尊敬和愛的面具，最好隨時戴著它。要以最誠摯的心戴著這個面具，因爲最後此面具所產生的友善及眞誠都會漸漸變爲內在的一部分，你的言行舉止，最終會和這面具合而爲一。除了認爲禮是紳士必須具備的條件之外，這本書還列舉出不少成爲紳士的條件。[146]

有禮的第一項便是熟稔如何和一位女士相處。不論是進入或離開一家店，若剛好遇到一位女士，紳士都必須站到旁邊，讓女士優先通過。若她想要進入一家店，但門是關著的，這時合格的紳士必須爲女士開門，並讓她先過。而在和女士交往時，切記千萬不可以放女士鴿子，因爲女人是種會原諒你所有其他過錯，卻無法忘記你放她鴿子的生物。

第二，紳士的處世要得宜（tact）。人與人之間的應對往來並非與生俱有，而是學習而來。處世的手段及與人的相處並非第六感，卻是其他五感的重心。如果說一個人天生就能顯得體面，那麼他的處世之道則會讓他受到尊敬。處世之道聽起來很抽象，因此哈特利也提供了幾個例子。比如，紳士不能隨便批評他人，即便是聽到讓你嗤之以鼻的評論，也不可以輕易貶低他人的看法，因爲輕率地拒絕或否定他人的意見，就跟暴君沒什麼兩樣。哈特利的意見明顯跟啟蒙運動時期的精神有關。各種政治思想在這個時期百花齊放，知識階級以智識上的切磋爲榮。而哈特利將這種精神更往前推進一步——即便你覺得對方說的是胡扯，跟自己不在同一水平上，還是要從容以對，不可輕易批評。再者，與人交談時不可輕易罵髒話或說出褻瀆的字眼。使用髒話代表此人沒家教，而紳士最重視的便是好的家教及修養。相反地，紳士必須多說點友善且仁慈的好話。哈特利寫到，友善的話語使人向善，而不友善的話會讓人留下疤痕，這些最後都會反映在說話的人的靈魂上。

紳士也必須避免驕傲自負，必須時時謙虛自省，因爲驕傲的男人常會做出錯誤判斷。這種人總將自己置於離他人很遠的位置，因此別人對他來說顯得微不足道，但他不知道，別人其實也是這樣想他。而伴隨著謙虛的是包容。哈特利提到，有些人在第一次出國時，會對國外的不同文化嗤之以鼻或大表不贊同，但這些都是沒有包容心所致。眞正的紳士在造訪一個國家之前，會做足功課，了解當地的文化，並且去適應當地的習俗。

這些充滿修養的處世之道，最後都反映在一個重點上：自我克制。哈特利認爲，一名紳士必須克制自己的情緒，不可輕易被激怒或生氣。一位被情緒控制的男性，不配稱作紳士，尤其是憤怒。哈特利指出，憤怒是個危險的情緒，爲了避免被憤怒沖昏頭，紳士不能過度關心他人的事務，或是過於認眞看待別人的評論，不然情緒就會像在自家點火一樣蔓延，一燒不可收拾。哈特利對於自我控制提出的警告，就像是在回應從古希臘至今對於缺乏自我控制、只追求個人榮耀的男人的不贊同。即便驍勇善戰是男子氣概中最被讚揚的特質，但我們也一直看到對於自我控制的重視。當過度的男子氣概造成負面影響，甚至是具毀滅性時，如何控制滿溢的男子氣概就變得十分重要。男人既要勇敢，也要識大體。而在有禮的架構下，自我控制還加上了階級的色彩——只有紳士才做得到自我控制，這也是紳士和其他下層階級男人不同的地方。自我控制讓他們變得更 man。

騎士文化再興及「新男人」

但就像歷史上各種陽剛氣質一樣，有禮遭致了不少批評。其中最常被批評的便是，有禮會使男性女性化，因爲有禮要求男性友善、溫和、慈愛、懂得和女性相處，還不能顯露自己的情緒，這些在在觸動了不少想維護傳統男子氣概的人的神經。學者米雪莉·科漢（Michele Cohen）便指出，紳士所擁護的有禮，在當時被批評為是一種女性化的象徵，而且頻繁地和女性接觸，就讓男人變得像女人一樣。十八世紀的學者理查·赫德（Richard Hurd）甚至在《論壯遊》（*Dialogues on the Uses of Foreign Travel*）中指出，他擔心越來越多的年輕人藉著壯遊到國外閱歷，會影響到他們屬於英格蘭男性與生俱來的堅毅不拔，尤其是當他們受到女性化的法國人影響時。他認為，英格蘭男人簡單、固執、堅硬、強壯、不懂修飾，而這些都是屬於他們的男子氣概。[147]

這股焦慮也在十九世紀時期掀起一股「騎士文化再興潮」。為了讓日漸戴上有禮面具的男性重拾傳統的男子氣概，不少評論及文學作品都鼓吹男性成為為了保護自己的國家可以隨時捐軀的勇者。不只如此，專屬騎士的忠誠、誠實、貞節、虔誠、勇氣與濟弱扶傾，都是男子氣概可貴的象徵。科漢也認為，這股風潮恰恰反映出堅毅、勇敢、勇夫等形象在十八世紀對女性的吸引力低落。與其在馬上揮舞著劍，還不如多跟女士跳幾支社交舞。因此，當時才會出現騎士文化再興潮，試圖讓男性重拾過去的光輝。科漢也進一步分析，在珍·奧斯汀（Jane Austen）的《艾瑪》（*Emma*）

中，便可見到對於騎士文化的讚揚。書中主角奈特利先生（Mr Knightly，奈特利先生的英文便是「騎士」之意）總是會對女主角艾瑪（Emma）說眞話，不會試圖討她歡心。對艾瑪的行爲及思想總是會提出建言，而不是一昧地附和。在其中一段劇情裡，艾瑪向奈特利稱讚法蘭克．邱吉爾（Frank Churchill）的友善及健談，對於艾瑪說的話事事同意。但奈特利馬上反駁，這種友善是虛偽的法國式友善（讀者或許會發現英格蘭人很愛批評法國人），沒有英格蘭人與生俱來的處世之道。同意妳每一個觀點的男人，絕對是表裡不一，虛有其表，因爲他不敢對於不同意的地方發聲。科漢也指出，奈特利先生代表的是一種「新男人」形象：熱愛眞理、具備理性、濟弱扶傾。這種新男人最後贏得了艾瑪的芳心。艾瑪對奈特利的評價也頗耐人尋味：「他既不英勇，也不是一個溫柔的紳士，但他是一個很人性的男人。」而這裡的人性，指涉的就是加入騎士元素的處世之道。[148]

「來決鬥吧！」

對於紳士文化含有過多禮節而展開的反動，也表現在十九世紀後期數量漸增的個人決鬥（Dueling）上。個人決鬥的歷史淵遠流長，從荷馬史詩中的赫克特與阿基里斯決鬥，到中世紀騎士間一對一的馬上長槍比武，都是個人決鬥的一種。在中世紀，個人決鬥更被賦予法律上的意義。當兩個團體（或個人）間的爭端無法由司法來解決時，便會以雙方手持武器決鬥、法官裁判的方式進行。多數時候，決鬥是為了保衛「榮譽」而戰，而榮譽的概念通常是騎士階層或更高的貴族才擁有，再加上決鬥需要好的武器，因此進行決鬥的多為貴族。到了啟蒙運動期間，這樣的習慣招致了極大的反彈，不只因為禮貌及有禮的概念興起，更因為新興的紳士階層不少是中產階級，他們認為個人決鬥是貴族的遺毒，如果繼續容忍其存在，會傷害到還在站穩腳步的警察系統及司法制度，因此必須根除。但這樣的努力在一八六〇年代後遭到不少反動。如同騎士文化再興潮，不少人認為個人決鬥事實上能讓男性展現出眞正的男子氣概，甚至在一八六二年時，英格蘭義工隊還製作一份文宣，告誡美麗的英格蘭婦女，找丈夫或對象時，他們絕對要有能力以一發子彈打中九百碼之外的目標。同年，國會議員羅伯特．皮爾（Robert Peel）也收到另一位議員丹尼爾．歐多納修（Daniel O'Donaghue）發出的決鬥挑戰。皮爾對決鬥表現出不屑，認爲那是野蠻的行爲，但這樣的反應卻在當時引起不少訕笑，認爲他沒有膽量像個男人般決鬥。學者馬潔利．蔓特森（Margery Materson）也指出，決鬥風潮的再起，也跟十九世紀中葉後歐陸不斷的戰爭及民族國家的興起有關。在民族口號的包裝下，不少英國男性擔心以有禮爲中心的紳士文化，會讓他們在國際上被弱化、被女性化。[149]

我們看見新男人並沒有放棄有禮所注重的社交及合宜的處世之道，但又加上了傳統男子氣概的剛硬及忠誠。可以說，男子氣概是一個流動的概念，而它時不時會引發男性的焦慮，導致對於男性的標準及期待不斷地在變化。而在這個時期，屬於紳士的有禮也在階級上做出區別。下一章我們將會討論到屬於非貴族及紳士的勞工階級，其男子氣概是什麼。

140 'Oxford English Dictionary', last accessed on 18 March, 2021, https://www.oed.com/view/Entry/77673?redirectedFrom=gentleman#eid

141 Philip Carter, 'Polite "Person": Character, Biography and the Gentleman', *Transactions of the Royal Historical Society,* 12 (2002), 333-354.

142 Ibid., 334; *Lord Chesterfield's Letters,* ed. David Roberts (Oxford, 1992), 105.

143 Paul Langford, 'The Uses of Eighteenth-Century Politeness', *Transactions of the Royal Historical Society,* 12 (2002), 311-331.

144 'The British Library', last accessed on 21 March, 2020, https://www.bl.uk/restoration-18th-century-literature/articles/newspapers-gossip-and-coffee-house-culture

145 Gillian Williamson, *British Masculinity in the Gentleman's Magazine, 1731 to 1815* (Houndmills, Bsingstoke, Hampshire; New York: Palgrave Macmillan, 2016).

146 Cecil B Hartley, *The Gentlemen's Book of Etiquette, and Manual of Politeness,* 1860.

147 Michele Cohen, ' "Manners" Make the Man: Politeness, Chivalry, and the Construction of Masculinity, 1750-1830', *Journal of British Studies,* 44.2 (2005), 312-329.

148 Ibid.

149 Margery Masterson, 'Dueling, Conflicting Masculinities, and the Victorian Gentleman', *Journal of British Studies,* 56 (2017), 605-628.

18 世紀
|
20 世紀

男人即機器：工業革命後的勞工階級

前一章提到，因商業頻繁而興起的中產階級重新定義了紳士，將這個身分從狹窄的貴族後裔擴展到靠自身努力取得財富的布爾喬亞（bourgeoisie），使中產階級成爲新興勢力不可或缺的一部分。而其背後推手就是金融革命及工業革命。第一波工業革命始於一七六〇年代，持續了約一百年，主要的變革是蒸汽與水力動力，並在紡織、棉花、羊毛、絲綢業中以機器取代人力。在工業革命之前，衣料的製作都是透過手動織布機，但珍妮紡紗機（Spinning Jenny）及走錠紡紗（Spinning Mule）的發明，讓紡織業發生巨大的變革，產量增加，成本降低。學者法蘭柯斯．雅利（Francois Jarrige）也指出，在紡紗機的操作上，由於走錠紡紗的機身較大，也比較複雜，因此多由男人操作，而體積較小的珍妮紡紗機則由女性在家操作。[150]

英國的勞工階級

但是，要推動工業革命，也得仰賴金融革命帶來的進步，當時英格蘭銀行的設立、公債的發行、股票市場的發明等等，都進一步推動專利權的發明，使人們更願意將錢投入工業及市場。布爾喬亞階級就是在這樣的背景下被創造出來的。與此同時，勞工階級也漸漸嶄露了重要性。即便是在機器取代人力的時代，紡織業也需要大量的人力操作機器，而日漸熱絡的商業，也讓勞工階級擴張不少——過去的手工匠跟佃農，都擠進了機器時代下的「勞工階層」。如果紳士是透過俱樂部或咖啡館來展現其社交能力，進而證成自己是一位成功的男人，那麼勞工階級則是在工廠中形成同志情誼，下班後去街頭、酒吧社交，進一步鞏固彼此的關係。而有趣的是，根據學者安娜·克拉克（Anna Clark）的研究，酒吧裡男女混雜，女人跟著男人喝酒社交，甚至在格拉斯哥（Glasgow，位於蘇格蘭），警察幾乎每晚都在忙著逮捕喝醉的女性。在倫敦，更有不少家庭日的閒暇活動，就是攜家帶眷到酒吧吃吃喝喝。也就是說，在都市地區，酒吧並非男人獨享的場合，女性也常在酒吧社交。不少男性之所以能夠容忍妻子到充滿爛醉男性的酒吧，就是因為妻子也在工作，扮演了支撐家庭經濟不可或缺的角色。但並非所有男性都能接受妻子到龍蛇處雜的酒吧，克拉克提到一個發生於倫敦柯芬園的案例。湯瑪斯·博飛因不滿妻子跟著自己跑到酒吧，還丟下他跟其他人喝酒，加上酒精的催化，回家後便在盛怒之下殺了妻子。[151]

這個案例反映出酒醉在當時非常常見（即便在現今的英國也是）。克拉克指出，勞工階級的男性習慣以喝酒來證明彼此間的兄弟情誼，酒精甚至是男性友誼的潤滑劑。儘管平常工作時緊繃與尷尬，但在下班後喝一杯的催化下，讓這些勞工男性彼此牽起了緊密的連結。男人到酒吧喝酒應酬，不只是讓同一階級的成員形成友誼，更是一種「儀式」。任何要進入這個社群的男性，都必須到酒吧喝酒。喝酒時的男性什麼都談，從政治到哲學（雖然可能不會有紳士來得精闢），再到對於雇主的抱怨。克拉克分析，此時期的勞工男性之間的情誼是建立在同仇敵愾上：反對雇主因爲女性的工資比較便宜而解雇男性、反對布爾喬亞階級的裝模作樣、反對雇主對工人的剝削等等。而這些憤怒的情緒，便透過集體喝酒的行爲轉變成緊密的兄弟情誼。[152]勞工的俱樂部也會透過繳會費、喝酒、罰款等方式，防止單獨會員累積過多資產。克拉克指出，工業革命時代的單身漢比起前幾個世紀增加不少，要成家立業比起以前更難，因此有許多俱樂部只准單身漢參加。結了婚的男子不只代表他有資產可以結婚，也代表他從此之後需要把錢拿回家，並會將部分重心轉向家庭，建立自己一家之長的地位，因此不再適合「大家一樣慘」的單身男子聚會。針對這種現象，克拉克表示，在勞工階級裡，兄弟情誼取代了家父長，成為展現男子氣概最顯眼（或許也是最容易）的方式。勞工階級的男性無法像上層階級的男性一樣，光靠丈夫一人的收入（或家族的地產）便能養活全家，多數時候，他們的妻子也在外從事勞動工作，而這也造成丈夫在家中無法完全展現所謂的家父長權力。[153]十九世紀的德國哲學家菲德烈・恩格斯（Friedrich Engels）所寫的《英格蘭的勞工階級》（*The Condition of the Working Class in England*）裡也觀察到，不少勞工階級的男性找不到工作，只能由妻子支撐家中經濟，而男性則當起家庭煮夫。[154]

而在不同職業的群體中，也有互相輕視的狀況。例如，屠夫覺得自己的職業比理髮師高尚，工藝匠則是看不起在工廠裡勞動的人，專做絲織品的工人則看不起羊毛工人。不同職業的人都有自己的俱樂部，而這些俱樂部講求認同感及凝聚力。克拉克提到，在女性也出來工作、和男性競爭的情況下，不少男性便開始尋找女性無法取代的部分，像是強調智識上的發展。不少男性工人會成立讀書會、文學會、數學會等等，以此表現男性的優越感。[155]除此之外，學者克里斯·勞提（Chris Louttit）也提到，不少勞工階級的孩子都會刻意經營另一種形象，以表現出不同於傳統勞工階級的男子氣概。以十八世紀的社會運動家法蘭西斯·普拉斯（Francis Place）爲例，他在自傳裡批評自己身爲勞工階級的父親。他形容父親空有一身肌肉、行事衝動、愛喝酒、愛嫖妓、愛打架，常跟鎮上有名的拳擊手出去鬼混。普拉斯認爲這些像他父親一樣的勞工階級男子，會毀滅自我及家庭。普拉斯並表示自己和父親不同，懂得自我學習，會參加各種文學聚會，培養文藝氣息，不只教育自己，也教育孩子。普拉斯對父親的厭惡，多少也反映出爲何不少勞工階級男性會參加文學會或讀書會。這不只是要表現出自己優於女性的一面，更是一種對於勞工階級負面形象的厭惡。[156]

因此，工人階級的男子氣概出現了兩種看似相斥的面貌：一是在酒吧裡吵鬧喧嘩的粗獷形象，一是追求知識的文雅形象。但我們可以推測，這兩者皆出自於必須證成自身男子氣概的焦慮，進而形成的特徵。

美國街頭的男子氣概

本書目前爲止談的大多是屬於歐洲的男子氣概，現在要來談談在十六世紀後漸漸登上世界歷史舞台的美國。將勞工階級的男子氣概放到美國來看，大概沒有比包里街（Bowery）更適合作爲例子的了。包里街位於美國紐約州的曼哈頓南部，在十九世紀時是勞工階級主要居住的地方。他們展現男子氣概的方式，和他們在倫敦的表兄弟們差不多，都是以一種粗獷、吵雜、暴力的方式展現。首先，我們先看看他們心目中所謂的「有男人味的外表」。爲了將自己跟上層階級做出區別，包里街男性不會將自己打扮得一絲不苟，而是將襯衫最上面的釦子解開，永遠都露出一點胸膛跟一些胸毛，以展現自己的男子氣概。若有戴領帶，也是鬆垮地掛在脖子上。嘴上則總是叼著菸，展現出叛逆的形象。[157]

在社交方面，包里街的男性也崇尚藉由拚酒來展現男子氣概，喝得越多，越是個男人。當有人請你喝一杯時，千萬不能拒絕，否則就會被視爲對另一位男性的挑戰。可想而知，當攝入過多酒精時，就會發生不少爭執或打架。在十九世紀的包里街，打架已經變成一種娛樂或賭注。不少酒吧老闆會舉辦拳擊比賽，讓觀衆自由下注。除了拳擊，還有不少賭注是男性獨有的娛樂，像是鬥狗，或是找來一大群老鼠，並放狗追殺老鼠（rat-baiting），讓觀衆下賭注。

由上述例子可見，在展現男子氣概上，暴力就是精髓。學者洛頓．威克菲德（Lawton Wakefield）便表示，在包里街上，向另一位男子加諸暴力，並使他留下永久的傷痕，是一種展現男子氣概的方式。當然，遭受暴力的一方，必須永遠帶著恥辱的疤痕活下去，而這疤痕代表他曾經被另一個男人打敗。威克菲德舉了不少例子，有趣的是，不少案例的苦主其受傷部位都是在臉上。一八四〇年，一位名叫亞歷山大的男子用刀切開了對手的額頭；一八六〇年，一位名叫喬治．戴克的男人被人用刀子在右臉上劃下一道深深的傷口。

爲什麼是在臉上呢？

因爲臉是身上唯一不太會用衣服遮蔽的部位，也最爲顯眼，旁人一眼就能看出這名男子曾經打輸的歷史，代表他曾經在男人間的較量中敗下陣。這種恥辱很容易被看見，也會在無聲中被昭告天下，其男子氣概更會瞬間蕩然無存。

在十九世紀的包里街，暴力幾乎已被常態化且制式化，因爲這是勞工階級展現並維護男子氣概最容易的方式。威克菲德提到一起發生於一八六〇年的案子，一位名爲派翠克·哈尼曼的男子和另一名男子派翠克·塔納起了爭執，便相約要赤手決鬥。這場決鬥很像當代的格鬥比賽——赤手空拳。比起使用武器，勞工階級男性之間的決鬥方式更爲原始、粗獷；但即便如此，這場決鬥還是有觀衆、規則，更有休息時間。最後哈尼曼敗下陣來，並在格鬥中死亡，但他死去時，是頂著「光榮打輸」的名聲去世。[158]

這種制式化的打鬥，若是有組織在背後支持，會更加鞏固。十九世紀的包里街男性也需要一位屬於勞工階級的英雄及典範，而這項任務便落到了救火隊隊員身上。十九世紀的紐約房屋櫛比鱗次，容易有祝融之災。當時的消防隊都是民營，且是自發性質，並非由國家雇用。而這種出生入死保護人民的工作，提供了勞工階級一個展現英雄氣概的絕佳機會。男人們以在火場上出生入死爲榮，畢竟並不是每位男性都扛得起水柱管，或是擁有衝進火場救人的勇氣。消防隊就像是勞工階層的兄弟會，各個不同的消防隊之間，也會藉由比賽來較量。這和紳士階級用槍或其他武器的決鬥不同，而是要證明誰最厲害，因此會用像是扛水柱管比賽或跟火賽跑作爲決鬥方式。當時的消防隊就像幫派，時常打群架，跟黑社會只有一線之隔，甚至有時會在聯手救完火後，開始起衝突。洛克菲德指出，根據一八四四年一份晚報報導，消防員比起人類，更像是老虎，會對居民造成危害。[159] 消防隊員的問題也深深困擾當時的政府，因此便加派警力控管各區的消防隊。有趣的是，被選來當警察的人，多數也是出身當地的勞工階級或地痞流氓，因此和消防隊形成兩股對立的勢力。對消防隊來說，警察威脅到他們展現男子氣概，也因此十九世紀的包里街時常有攻擊警察的事件發生，進一步強化了在公共區域展現暴力的必要性與正當性。[160]

充滿肌肉的勞工

暴力是勞工階級的一個形象，但在另一方面也代表了力量，而力量正是男子氣概的重要特質之一。學者喬安·貝吉雅托（Joanne Begiato）便分析了勞工的身體在十九世紀的畫作中是如何被「理想化」。不少學者認為這是一種「階級凝視」。如同描繪女性裸體的畫作，男性勞工的畫作都是被掛在貴族家中牆上欣賞，物化了畫中的主體，展現出貴族高人一等的身分。但貝吉雅托認為，在十九世紀及二十世紀末的勞工畫作中，男性勞工赤裸著上身、展現精實肌肉線條的樣子，實際上傳達了不少意涵。第一，將勞工健壯的身體放在畫中觀賞，是一種觀賞者（貴族男性）對於自己的期待，用以督促自己在體力、身材與力量上努力；第二，藉由畫作，勞工傳遞了靠自己努力賺錢、誠實、技術、獨立等正面訊息。以一八五七年一幅名為〈老英格蘭的支柱〉（The Sinews of Old England）的畫作為例，畫中的男性勞工站在家門前，右手舉著斧頭，左手攬著妻子，而妻子正以崇拜的眼光看著丈夫。這個畫面營造出以勞力撐起家庭的正面形象。貝吉雅托進一步分析，在拿破崙橫掃歐洲期間，不少英格蘭貴族會刻意模仿平民的穿著，因為這樣能夠表現出簡單樸素、剛硬堅強的愛國形象。[161]

另外，以勞工為主題的畫作中，也常看到充滿力與美的裸露手臂。貝吉雅托指出，勞工的手代表了精湛的技術、令人崇拜的力量，以及靠自身努力生活的形象。事實上，充滿肌肉的手臂一開始是鐵匠公會的標誌，在十九世紀前期更代表了正面的男子氣概：努力及力量。但到了二十世紀，肌肉手臂漸漸成為社會主義及階級鬥爭常用的標誌。[162]

相較於強調「有禮」的紳士階級，勞工階級的男性保持了較為原始的男子氣概：身體的力量。而這種力量有不同面向的表現方式。在階級的論述中，他們是使用暴力的未被文明開化者，會對社會的安寧造成危害，和紳士階級使用法律來解決爭端的形象成爲對比。但弔詭的是，就像上一章提到的決鬥風潮再起一樣，紳士階級同時又渴望著這種原始、以力量解決爭端的男子氣概。或許如同學者貝吉雅托所說的一樣，男子氣概風潮的改變不只和文化有關，也和當時的國際政治局勢息息相關。在外患或戰爭較多的時期，追求男性的原始身體力量、軍事能力的聲音便較爲強烈，卽使無法成爲當時的「霸權陽剛特質」，也存在著一定的支持聲量，這也充分反映出男子氣概的內涵在社會中具有多元的特質。

十八、十九世紀時常出現的鬥狗娛樂。

150 Francois Jarrige, trans., Sian Reynolds, 'Gender and Machine-breaking: violence and mechanization at the dawn of the industrial age (England and France 1750-1850)', *Women, Gender, History,* 38 (2013), 14-37.

151 Anna Clark, *The Struggle for Breeches, Gender, and the Making of the British Working Class* (University of California Press, 1997),, 25-29.

152 Ibid., 29-31.

153 Clark, *The Struggle for Breeches, Gender, and the Making of the British Working Class,* 29-31.

154 Friedrich Engels, *The Condition of the Working Class in England,* ed. David McLellan (Oxford UNiversity Press, 1993), 154.

155 Ibid., 34-35.

156 Chris Louttit, 'Working-Class Masculinity and the Victorian Novel', in *The Victorian Novel and Masculinity,* ed. Philip Mallett (Palgrave MacMillan, 2015), 31-50.

157 Lawton Wakefield, 'Separating the Boy's from the B'hoys: The Working Class Masculine Identity during the MidNineteenth Century' (State University of New York at Oneonta), 37-51.

158 Ibid.

159 Ibid.

160 Ibid.

161 Joanne Begiatio, 'Royal History Society', last accessed on 27 June, 2021, https://royalhistsoc.org/joanne-bailey-manly-bodies-in-eighteenth-and-nineteenth-century-england/

162 Ibid.

19 世紀
|
20 世紀

帝國主義與
男子氣概

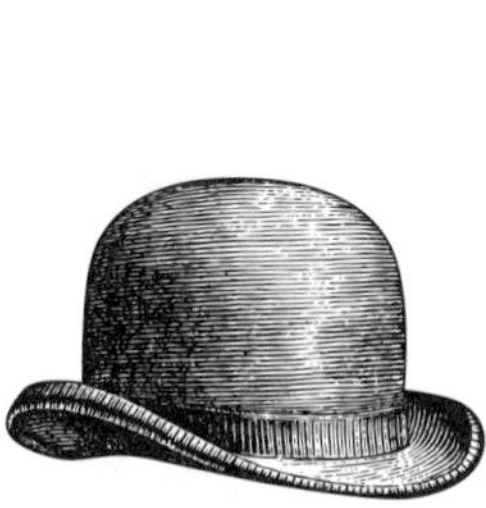

〈白人的負擔〉

十七世紀到十八世紀，在上層階級盛行的「有禮」——重視禮儀並成爲社交動物——和當時帶有強烈侵略性質的殖民主義及帝國主義有著極大的差距。殖民主義的英文是 colonialism，是一種行動，意指國力較強的國家以軍事侵犯較弱的國家，並將其變成殖民地；而帝國主義（imperialism）則是殖民主義的源頭，是一種思想或政治信仰。帝國主義又分爲舊帝國主義與新帝國主義，前者盛行於一五〇〇年至一八〇〇年，歐洲國家在亞洲、非洲及美洲建立貿易據點，和當地政權合作，爲自己的國家帶來商業利益。而新帝國主義自一八七〇年開始，持續到第一次世界大戰以前。殖民母國因工業革命帶來的進步，對殖民地進行更深一層的剝削，並進一步謀求在政治、經濟及軍事上的全面控制，除了原本舊帝國主義時期就已強盛的英國、荷蘭及西班牙外，美國與日本也加入了新帝國主義的行列。

對於性別史來說，帝國主義扮演了舉足輕重的角色。

伴隨著帝國主義及殖民運動而興起的是十九世紀的社會達爾文主義（Social Darwinism），將達爾文理論中的「適者生存」套用在殖民者與被殖民者身上：被殖民者就是因爲不夠優秀才會被殖民，因此他們是達爾文主義中應該被殖民或淘汰的人種。反之，殖民者就是因爲天生優秀，所以能在衆多族群中脫穎而出。社會達爾文主義被廣泛地應用到帝國主義、種族主義及優生學上。殖民者等同優越者的理論，也反映在男子氣概上。女性之於男性是被征服者，因此，殖民地的被征服者就像女性，受男性支配，整體都是女性化的。學者辛哈（Sinha）就舉例，在殖民地印度，英國男性永遠是較具有男子氣概的，而印度男人和英國男人比起來，就是「不夠man」。[163]

這種支配不只是展現在武力的征服，也展現在統治上，例如英國人便自詡爲印度的「解救者」。雖然英國人對殖民地的管理多是遵行「不介入原則」，但在一些特別殘酷的地方習俗上，英國人便進行了改革，其中寡婦爲亡夫自焚（*sati*）就是很好的例子。除此之外，英國人也致力於廢除印度部分區域的一夫多妻制。對英國人來說，一夫多妻是強烈父權制的表現，而當身爲支配者的英國人只能一夫一妻時，被征服的印度人當然不能保留比一夫一妻更爲父權的制度。因此，白人在對待殖民地的風俗時，時常自稱爲「有色人種的拯救者」。這也導致「白人的負擔」在當時的歐洲殖民母國盛行。〈白人的負擔〉（The White Man's Burden）是一首詩，由齊柏林（Rudyard Kipling）於一八九九年寫成，大意爲白人是優越物種，因此需要「照顧」其他弱小種族，並盡可能將優越的基因傳播下去。詩中是這樣說的：

扛起白人的負擔吧！將我們最優秀的基因遠播，捆綁起你們的兒子，將他們放逐出去／去替你們的奴隸服務／扛起白色人的負擔／讓他們背負着沉重馬轡／去伺候那些剛被抓到／又急躁又野蠻、又慍怒／一半像邪魔一半像小孩一樣的人們／扛起白色人的負擔／堅持着耐心／掩飾起恐懼／隱藏起驕傲／用公開與簡易的語言／不厭其煩的說清楚／去替別人謀福利／去為別人爭利益……去吧，去尋找你的男子氣概／透過這些辛苦的歲月，建立起冷酷且珍貴的智慧，得到同儕的認同。[164]

詩的第一句「扛起白人的責任吧」的原文爲「take up the White Man's burden」，開宗明義便將女性排除在外，強烈表現出征服是白人男性的工作，也是權利。最後幾句點出這時代的男子氣概的重點：去征服他人，在殖民地尋找自己的男子氣概。男子氣概不在熟悉的家鄉中建立，而是踏出舒適圈，在自己不熟悉的地方探索。唯有如此，你才能得到同儕對你的認同。

事實上，帝國主義跟階級也有著密切的關係。在湯瑪斯·休斯（Thomas Hughs）的小說《湯姆·布朗求學記》（*Tom Brown's School Days*）中，休斯形容布朗家族是個善於戰鬥的家族，他們的祖先有著顯赫的戰功，從英法百年戰爭到拿破崙戰爭，都是在戰場上出生入死的家族，戰鬥早已深深地烙印在他們的基因裡。而布朗家的子孫散布在大英帝國的各個殖民地，且位居要職。學者約翰·托許（John Tosh）指出，《湯姆·布朗求學記》充滿了階級意識，也認爲這些靠土地起家的古老英格蘭貴族命中注定是統治者。[165]也就是說，帝國主義不只是《白人的負擔》所呈現出的種族差異，更多的是階級意識，以英國貴族高人一等的姿態去統治殖民地原住民。

從種族到國家的男子氣概

〈白人的負擔〉所代表的中心思想被當時許多白人所認同——種族可以幫男子氣概分級。在美國總統老羅斯福（Theodore Roosevelt Jr.）的一場演講中，他提到菲律賓和古巴的人民懂得自律跟自我管理，而若不是「我們英勇的美國人」（our own brave men）介入、幫他們管理，他們自己一定做不到。老羅斯福進一步表示，管理菲律賓人跟古巴人是美國男性的「職責」，因爲他們生於優越的國家、是更優越的人。其他野蠻國家需要美國來管理，才不會使這些國家更加墮落。是個男人的話，就必須執行這些男人的職責——教化那些不懂得自我管理的人。[166]

我們可以從老羅斯福的談話中得知，種族在帝國主義時期跟男子氣概密不可分。西方挾帶著經濟及軍事優勢，成爲具有男子氣概的支配者，並進一步結合國族主義，塑造屬於美國的優越男子氣概。加上美國當時有大量的黑人奴隸，讓白人優越及白人的男子氣概成爲白人至上的藉口。而十九世紀末至二十世紀初的幾位美國強人，如鋼鐵大王卡內基（Andrew Carnegie）與商業大亨洛克斐勒（John Davison Rockefelle）白手起家的強人形象，更加深了美國人相信男子氣概不只跟種族、也跟國家有關的想法。從種族到國家，美國人更以自己建立的共和國爲榮，當然也衍伸出了「共和國的男子氣概」。一九〇〇年，共和黨黨員，艾伯特．畢佛里居（Albert Beveridge）便在國會中大力爲殖民主義護航，認爲來到美國的新教徒都是「天選之人」，命中注定要去支配他人，而且共和國提供了每位美國青年同樣的機會，可以到殖民地發掘並展現自己的男子氣概——美國青年最爲勇猛、有野心，且具備強大的軍事能力，這些都必須被世界看到。[167]

殖民時代反映了男性對自身的自信跟國家的強弱息息相關。的確，自十九世紀開始茁壯的美國至今仍是世界強國，因此不難理解他們塑造出專屬美國的男子氣概。那麼，當初輸掉美國這塊海外殖民地的大英帝國呢？

回到拓荒時代，重新當個拓荒者

身爲殖民主義及帝國主義的元老級國家，英國在殖民時代的男子氣概定義也令人玩味。對英國人來說，到殖民地展現「男子氣概」顯得更加急迫。從一八五〇年代開始，英國的上層階級及紳士漸漸失去政治及經濟上的優勢，再加上社會逐漸民主化，不少男性發現自己能發揮的空間越來越少，而殖民地正好提供了一個展現男子氣概的良機——一處尚未建立秩序的荒野，只要有勇氣去拓荒，就能建立自己的男子氣概，並得到其他男性的認同。拓荒者某種程度上又回到了祖先的時代，到處都是機會，搶得先機者就能建立起秩序。一八四九年，一位名爲湯瑪斯·皮朋森（Thomas Pipson）的男子在移民至英國於南非的殖民地納塔爾（Natal）時寫到，他擔心自己的兒子若是留在倫敦，最終只會長成弱不禁風的虛弱男子，而他希望殖民地的各種挑戰能幫助自己及兒子成爲一位眞正的男人。甚至不少來自較低階級的英國男性，會藉由到殖民地從軍、在殖民地成爲支配者，來提高自己的位階，而這是留在英格蘭時做不到的——下層階級的人很難在社會上向他人展現支配權。[168]

男子氣概另一項很重要的元素是獨立。到殖民地拓荒的男子可以在物理上脫離家族的影響，建立起屬於自己的家父長，並向他人展示自己的成功是藉由努力贏來，而非依賴祖先留下的財富。前述提到的學者托許指出，十九世紀末的一位作者詹姆斯．麥斯利（James Methley）曾寫道：

當你從自己種的果樹上摘下第一顆成熟的果實，並且看到無數個其他成長綻放的果實，你會感到一股清新的成就感及尊嚴，因為這是你在沒有任何幫助下所得到的辛苦成果。[169]

對男性來說，在日漸機械化且受原生家庭羈絆的英國，這種成功感大概是難以得到的。因此，殖民地便成爲讓自己獨立、進而成爲一位眞正男性的最佳選擇。十九世紀末的經濟大蕭條，也進一步助長了移民到殖民地的風潮，讓在英國失業的男性有機會在其他地方找回自尊。[170]

體能、團隊合作以及男子氣概

這股一窩蜂到殖民地拓荒、追尋成功的風潮背後的支持力量，跟英國的公學（public school）息息相關。公學特別重視小男生的體育、獨立性及社交這三方面。以體育來說，學校提供訓練團隊合作的板球，也有訓練個人武力的拳擊。以前者而言，團隊運動可以訓練學生的合作力、機敏力及自我控制。如同前幾章不斷提到的，失控的脾氣雖然一方面是男子氣概的表現，卻會深深傷害團隊表現，而團體遊戲正好補足了這個缺點。國家需要強壯的士兵幫它擴張殖民地，但國家並不樂見意見太多的士兵逞英雄主義、破壞國家利益。自一八六〇年代開始，英國的公學就相當注重體育，這不只是因爲體能上的優勢是一項建立帝國的重要基礎，也因爲當時十分流行一種觀念：肌肉發達的基督徒（Muscular Christianity）。這個理論源自於十九世紀中期的英格蘭，和前面所提的「天選之人」有異曲同工之妙。這個理論相信基督徒肩負愛國思想、自我克制、有教養、懂得自我犧牲、有男子氣概，且不管在體態上或心靈上，都臻於完美。當然，也只有擁有優秀體能的人適合移民到殖民地，建立起自己的男子氣概，因此在徵召前往殖民地服務的軍官時，也會特別要求體能。[171]

帝國主義所產生的殖民地爲不少英國年輕男性帶來新的憧憬。當英國本地被舊社會的階級深深綑綁時，年輕人也只能向外發展，才可以在同儕中展現男子氣概，並得到認可。葛蘭特・艾倫（Grant Allen）在一八九九年就寫到，在殖民地裡，他可以是印度的軍官、紐西蘭的牧場主人、阿薩姆的茶園主人、美國的牛仔，也能是澳洲的商人。但在英格蘭，他只能和漂亮女性做愛。[172]

從這段文字可以明顯地看出，帝國主義時期的男子氣概中，藉由征服女性來證成自己是男性的元素比較少，更多的是作爲拓荒者的力量以及創造新事物的可能性。而這也爲許多單身男子打造了夢想，離開英國就能脫離家族的掌控，建立屬於自己的家父長。我們從這裡也能看出對於男子氣概的焦慮：倘若安逸於英國，只會習慣於舊社會、變得越來越女性化，因此年輕男性需要去拓展自己的天地。殖民地成了提升男子氣概及男性尊嚴的萬靈丹。

163 Mrinalini Sinha, *Colonial Masculinity: The 'Manly Englishman' and 'Effeminate Bengali' in the Late Nineteenth Century* (Manchester University Press, 1995).

164 Kipling, Rudyard. 'The White Man's Burden'. The Complete Verse. London: Kyle Cathie, 1990, 261-62.

165 John Tosh, ' "A Fresh Access of Dignity": Masculinity and Imperial Commitment in Britain, 1815-1914', in History and Africa Studies Seminar, University of Kwalazulu-Natal, Durban, South Africa, 1999.

166 'Monthly Review', accessed on 2 July, 2021, https://monthlyreview.org/2003/11/01/kipling-the-white-mans-burden-and-u-s-imperialism/

167 Ibid.

168 Windholz, Anne M. 'An Emigrant and A Gentleman: Imperial Masculinity, British Magazines, and the Colony that Got Away', *Victorian Studies,* 42.4 (2000), 631-658.

169 Tosh, ' "A Fresh Access of Dignity": Masculinity and Imperial Commitment in Britain, 1815-1914', 1999.

170 Ibid.

171 Waite, Kevin. 'Beating Napoleon at Eton: Violence, Sport and Manliness in England's Public Schools. 1783-1815', *Cultural and Social History* (2014), 407-424.

172 Tosh, ' "A Fresh Access of Dignity": Masculinity and Imperial Commitment in Britain, 1815-1914', 1999.

20
世紀

兩次世界大戰
與男人：
重新審視
男性的脆弱

戰爭，一個自古以來不斷發生的活動，從根本上影響了社會對男性的評價。自古希臘到中世紀歐洲的騎士精神，再到當代，我們不斷看到對於武力、體態與軍事力量的推崇。體能上的優越也成爲男性身上最容易彰顯的勳章。而這些都跟歐洲不間斷的戰爭脫不了關係。如何打勝仗，以及如何讓國民願意上戰場，便是各國所關心的問題。

被放大而成為束縛的「公民士兵」概念

公民士兵（citizen-soldier），是一個源自於古希臘的概念。城邦內的公民有義務爲了國家而戰。這個概念的主旨是，在外人入侵或國內受到暴君統治時，每個國民都有責任及義務保衛自己的國家。在美國獨立戰爭期間，此一概念被廣爲宣傳，用來鼓勵美國人對抗英國在美洲的苛政，也用來批評英國軍隊所使用的專業且正規的軍隊。如同字面的意思所示，公民士兵意指每個公民都有義務對各自的國家犧牲奉獻。保衛國家不僅僅只是軍隊的工作，而是攸關國家的存亡，每個人都有份。[173]

「打仗人人有責」的概念，在兩次世界大戰時成爲國家亟欲宣傳的概念。第一次世界大戰發生之時，一張英國製造的宣傳海報就鼓勵大家從軍，上頭寫著：「勇敢面對子彈，比在家被炸彈攻擊好太多了。」海報的背景是倫敦夜幕中的聖保羅大教堂和大笨鐘，但夜空中有一艘德國的齊柏林飛船，準備朝倫敦丟下炸彈。[174]二次世界大戰時，英國則發行了一張畫有著各行各業人士的海報，所有人都對著前方微笑，海報下方則寫著：「你也和我們一樣從軍了嗎？」[175]這些海報的目的都是要激起人民的愛國心，將保家衛國當作責任。

「勇敢面對子彈，比在家被炸彈攻擊好太多了。」此為英國於第一次世界大戰時對國內發行的海報。

學者羅伯特．奈爾（Robert A. Nye）提到，戰爭爲男性加諸了不少責任跟壓力。一個眞正的男人要有榮譽心及愛國心，能照顧同袍，且爲家庭著想（沒有國就沒有家）。擁有以上特質的男性，才有打勝仗的基礎。[176] 反過來說，爲國家打仗才算得上是男人。軍人形象的男子氣概實際上也涵蓋了歷史上許多男子氣概的元素。一張一次世界大戰時期的海報，描繪了一位美國士兵被德國士兵用釘子釘在樹上，但此時有一大群美國士兵正從後方趕來救援。海報上寫著：「自由所牽起的羈絆，可以阻止這種情況發生。」被釘起來的士兵就像犧牲的耶穌，而前來解救同伴的士兵，就像騎士精神中所強調的同袍之愛，充分表現出一戰時期對一位男人的期許。[177]

而爲了成爲一名合格的公民士兵，先決條件是要擁有強健的體魄。在有專業軍隊的情況下，打仗並非一般百姓的工作，民衆自然不會想要鍛鍊體能。但在公民士兵的影響下，顧好自己的體魄成了男性的義務。一張一九一八年的美國海報便鼓吹男孩加入童子軍，並配上自由女神的畫像，向男孩們傳達一個訊息：從軍的訓練需從小做起，而作爲美國的一分子，爲自由而戰就是義務。在納粹時期的德國，爲了讓男性成爲替國家打仗的人才，體育課被當作是在鍛鍊未來的軍人。根據統計，一九一四年時，有超過百分之四十的英國青少年加入類似童子軍的青年組織，準備爲國效勞。[178] 由此可見，在兩次世界大戰期間，體能再次躍升爲男子氣概的第一要素，而所有缺乏體能水準的男性，都會被認爲不夠 man、不夠格稱作男人。

奈爾也提到，戰爭造成的永久性傷口，很可能會讓人們認爲這名男子因爲身體及軍事能力不夠好，才會留下如此嚴重的傷，也無法再繼續爲國家從軍，因此會被認爲不夠具備男子氣概。[179] 如同我們在討論勞工階級的男子氣概章節所提到的，在多數情況下，身體外表上明顯的傷口不會被當成光榮的印記，而是這名男子在體能及打鬥上作爲輸家的證明。的確，在不少情況下，因戰爭所受的傷會被視爲光榮的標記，但戰爭本來就是以贏爲目的，只有全拿或全輸。在這種情況下，士兵會被期待將男性的潛能發揮到極致，只有凱旋歸來才是眞正保住了男性尊嚴，並被社會尊爲合格的男性；而一旦成了輸家，不只士兵個人會被視爲不夠優秀、不夠強壯，甚至整個國家都會被認爲是不夠具備男子氣概的被征服者。

奈爾指出，上戰場的士兵都被灌輸了爲國家犧牲的理念，而爲了讓大家團結一致，軍中會特別加強同袍之間的戰友情誼，讓士兵將彼此看作一個整體，沒有什麼比同袍之愛更重要。在一次世界大戰期間，德軍的報紙便大力鼓吹同袍之愛，甚至將其重要性和婚姻比擬。而這樣的鼓吹，便是想讓士兵將打仗視爲人生最重要的任務，也讓我們想起古希臘的《饗宴》所提及的，爲了讓男性在戰場上奮勇殺敵，會鼓勵同袍之間產生愛人關係，如此一來，打起仗來便會更奮力。

奈爾更進一步分析，過度地鼓吹軍人的勇猛形象，不只讓性別的分工更加停滯——男性就是要在沙場上努力，而女性則是後援，只能待在家中——更讓士兵的形象占據了絕大部分的男子氣概典範。也就是說，爲了國家犧牲奉獻的軍人，最像個男人，從事其他工作的男性都不如軍人。[180]

「自由所牽起的羈絆，可以阻止這種情況的發生。」此為第一次世界大戰時，美國的宣傳海報。

同為第一次世界大戰時，美國鼓勵男孩參加童子軍。

兩次世界大戰與男性的弱點

宏觀來看，每一場戰爭都大同小異，本質上就是軍事衝突，以大部分由男性組成的武力來解決爭端，而兩次世界大戰只是規模更大、有多國參與混戰。但從結果來看，其所造成的影響直接締造了今日的國際局勢。而在男子氣概方面，則出現了巨大的轉折：兩次世界大戰都讓社會重新審視男人的能力，因為這兩次戰爭的規模比過往的軍事衝突更加巨大，造成的影響也始料未及。第一次世界大戰持續了四年（一九一四至一九一八年），分為同盟國和協約國兩大陣營。前者由德意志帝國、奧匈帝國、鄂圖曼帝國及保加利亞王國組成，後者則有英國、法國、俄羅斯、義大利、中國以及戰爭後期才加入的美國。第一次世界大戰以步兵為主，使用的武器與戰術都集中在槍砲、坦克及毒氣。第二次世界大戰則是以坦克、飛彈、戰機及核武為主力。兩次世界大戰後，不少士兵皆出現了爆炸性精神異常，也稱為砲彈休克（Shell Shock）症。這個心理疾病主要歸因於一次世界大戰時的壕溝戰。士兵躲在壕溝中時，會因為壕溝本身的設計而聽到砲彈被放大的聲音，因此在戰後只要聽到類似的轟隆聲，就會緊張起來，甚至休克。砲彈休克症只是衆多創傷後壓力症候群的一種。事實上，戰後許多男性出現了類似的症狀，因而導致社會重新檢視起一位男性所承受的壓力及男子氣概的定義。[181]

在兩次世界大戰以前，男子氣概是可以克服任何東西的良藥。只要有夠多的男子氣概，就不會當逃兵。但是，戰後的人們不再相信男性是無堅不摧的。一次世界大戰後，心理學發展迅速，人們開始反過來檢視男性的心理狀態，並承認男性的能力是有限的。不論是再多的男子氣概，都有無法克服的事物；卽便是世上最勇敢的男人，也有無法跨越的恐懼。一次世界大戰期間，至少有八萬名英國士兵因爲緊張而導致自律神經失調，一九二一年間，更有六萬多名男性因失調而領取失能補助金，更有高達二十五萬人罹患砲彈休克症。[182]我們曾在前一章提到，英國的公學校以鍛鍊學生成爲無懼的男人爲目標，但卽使是這種訓練，在面對前所未有的世界大戰時也派不上用場。不少心理學家鼓勵男性要正視並接受自己也會害怕，進而療癒傷痛，而非壓抑恐懼，或是逃避自己的創傷。

學者麥克·洛浦（Michael Roper）指出，當時有不少小說描寫男性一開始意氣風發地為國打仗，最後卻被恐懼消磨。一九一九年出版的《祕密戰爭：第一次世界大戰的悲劇》（*The Secret Battle*）便描寫主角亨利·潘洛斯（Henry Penrose）帶著滿腔熱血從軍，但看到日漸上升的死亡人數、軍中各種生理及心理疾病，以及肩上那為同袍背負的沉重使命後，最終無法承受，帶著懦夫的罪名自殺。其他類似的小說也都描述了剛從公學畢業、意氣風發的男孩，個個都覺得自己準備好為國捐軀，最後卻都抵擋不了恐懼。[183]

恐懼作為本能，勇氣成為美德

一次世界大戰後，人們認知到恐懼是人最本能的反應。不論受過再多的訓練，最後都極可能會輸給恐懼。也就是說，社會對於男性的期待，實際上是和人性相違背的。男子氣概是種奢侈，是一個勳章，頒給最能壓抑自我求生本能的男人。傳統上擁有大無畏的精神、在戰場上出生入死的男性模範開始受到質疑。人們不再想當阿基里斯，而是體認到，阿基里斯所投射的男性典範，正如同他的出身一樣是個神話，凡人不可能達到。因此，不少小說將軍隊的領導者描寫成會恐懼，也懂得恐懼，甚至能體恤下屬的男性。當然，兩次世界大戰所暴露出男性心理中最柔弱的一塊，是前所未見的。不少人都想找出男性在戰場上害怕的原因，並想方設法克服。英國首相邱吉爾的私人醫生查爾斯．莫蘭（Charles Moran）便在二次世界大戰後寫到，每位男性所擁有的勇氣在體內的儲量都是固定的，而戰爭對於勇氣的消耗量特別大，用完就沒有了。那麼，對莫蘭來說，要怎麼阻止勇氣被戰爭所消耗呢？莫蘭認爲，只要不斷壓抑恐懼就好，意即不要讓恐懼浮出表面，就能夠阻止勇氣的消耗。在一個一九四五年的廣播中，主持人在提到勇氣時，便認爲它就是美德本身。[184]

而這個美德，與人的本性相牴觸。兩次世界大戰期間，各國都有不少逃兵，許多克服不了戰爭恐懼的人都選擇棄械逃跑。一九一四到一九二〇年間，就有超過三千位士兵因爲不履行軍中義務、成爲逃兵、頂撞上級而受到軍法判刑，其中不少人還正飽受砲彈休克症之苦。英國的逃兵罪（Cowardice）案例中，最有名的是湯瑪斯・海格特（Thomas Highgate），他是第一位被軍法判以逃兵罪的人。在第一次馬恩河戰役（First Battle of the Marne），他逃跑到附近倉庫的躲藏，而後受到軍法審判。出庭時，無人可爲他作證，因爲他的同袍全數陣亡。因此，他在入伍後的第三十五天便被槍斃，死時只有十七歲。「黎明的擊殺」（Shot at Dawn）就是在形容這些因犯了逃兵罪而被槍斃的軍人。如前所述，不少加入戰爭的男性都是在青年時期懷抱滿腔熱血而從軍，卻在見證戰爭的殘酷後退卻。另一位名爲赫伯特・伯頓（Herbert Burden）的男子在十六歲時謊報自己已經成年，加入了軍隊，但最後卻因爲目睹同袍被殺而潛逃，最後也是死在軍法審判之下。[185]

如果說逃跑是本能，那逃兵是否算是一項罪行？尤其是如同湯瑪斯・海格特這麼年輕的案例，在心智都未臻成熟的情況下，是否只因爲他發揮求生本能逃跑，就該被槍殺？逃兵的家屬在逃兵死後得不到國家撫卹，也無追謚，因此在二次世界大戰結束後，有不少家屬發起請願，讓政府替被槍殺的逃兵洗刷罪名。二〇〇七年，英國政府對世界大戰期間犯下逃兵罪的人死後赦免，但並無消除他們的罪名。這也變成今日討論男子氣概時一項重要的課題：勇氣是自古以來定義男子氣概的關鍵，但當用在戰場上時，擁有並懷抱勇氣是否爲一種義務？[186]

兩次世界大戰讓人們重新檢討了社會對於男性過多且不切實際的要求，也開始正視男性的心理需求。即便在當代，勇氣雖然是男子氣概的核心，我們還是可以看到除了勇敢以外的其他男子氣概典範，而這些多少都歸因於兩次世界大戰後對於男性的再審視及檢討。

173 Robert A. Nye, 'Western Masculinity in War and Peace', *The American Historical Review,* 112.2 (2007), 417-438.

174 'It is far better to face the bullets than to be killed by a bomb at home'. See 'Imperial War Museum', last accessed on 13 April, 2021, https://www.iwm.org.uk/collections/item/object/30761

175 'Are you with us in the National Service?' See 'Imperial War Museum', last accessed on 13 April, 2021, https://www.iwm.org.uk/collections/item/object/3643

176 Nye, 'Western Masculinity in War and Peace', *The American Historical Review,* 112.2 (2007), 417-438.

177 'Your Bond of Liberty Will Help Stop This'. See 'Library of Congress', last accessed on 13 April, https://www.loc.gov/item/2002722586/

178 'Imperial War Museum', last accessed on 13 April, 2021, https://www.iwm.org.uk/collections/item/object/16731

179 Nye, 'Western Masculinity in War and Peace', *The American Historical Review,* 112.2 (2007), 424.

180 Ibid.

181 'Reviews in Hisotry', last accessed on 15 April, 2021, https://reviews.history.ac.uk/review/944

182 'The National Archives', last accessed on 14 April, 2021, https://www.nationalarchives.gov.uk/education/resources/medicine-on-the-western-front-part-two/war-office-report-on-shell-shock/

183 Michael Roper, 'Between Manliness and Masculinity: The "War Generation" and the Psychology of Fear in Britain, 1914-1950', Journal of British Studies, 44.2 (2005), 343-362; A P Herbert, The Secret Battle: A Tragedy of the First World War.

184 'It is not a virtue. It is the virtue'. See Michael Roper, 'Between Manliness and Masculinity: The "War Generation" and the Psychology of Fear in Britain, 1914-1950', *Journal of British Studies*, 44.2 (2005), 357.

185 'BBC News', last accessed on 15 April, 2021, https://www.bbc.co.uk/news/uk-england-25841494

186 Ibid.

20 世紀
|
21 世紀

女權與
男性危機

世紀末的新女性

從希臘時期到當代，男性一直以比女性更爲優秀的物種自居。許多男性在社會上所占的優勢及壓力都是由這個概念所產生，因此可以說是「男性比女性優秀」此一概念建構了已實施幾千年的父權社會。這體制雖然動盪不斷，卻也延續至今，使人類不斷繁衍，甚至是不斷進步。因此，對許多男性來說，當女性決心從父權社會的壓迫下爭取該有的權利時，便是不對的、不能允許的行爲，甚至動搖國本。女權運動的興起，一方面引來男性的強烈反對，也激發出男性對於傳統性別建構的社會卽將崩壞的危機感。

在談男性危機之前，我們先來看看女權運動如何開始。早期的女權運動可從十九世紀的「新女性」（New Woman）說起。新女性一詞是愛爾蘭女作家莎拉・格蘭德（Sarah Grand）的發想，提倡女性必須透過激烈的手段尋求經濟及社會獨立。格蘭德在文章〈關於女性問題的新面向〉（'The New Aspect of the Woman

Question'）中，強烈抨擊一八六〇年代的《性傳染病防治法》（Contagious Diseases Acts），因爲該法案只強制隔離有感染性病的女性性工作者，但常去風化場所光顧的男性卻不用被隔離，能繼續在外傳播性病，甚至傳染給自己的妻子。不少十九世紀的文學作品也描寫了傳統女性的悲劇，顯現女性在傳統家庭婚姻的束縛與追求自由之間掙扎。[187]

新女性的風潮在十九世紀末達到高峰，學者葛雷格．巴茲威爾指出，女性解放的風潮多少也得力於人們處在世紀末（*fin de siècle*）的焦慮及興奮感，認爲新的世紀必須迎來新的改變。這個時期開始鼓吹性解放，不只認爲女性在性方面有自主權，愛打扮、具陰柔氣質的男性也漸漸開始流行起來，意卽兩性的傳統特質開始模糊。這樣的風潮也引起不少批評。社會評論家馬克思．諾都（Max Nordau）便在《惡化》（*Degeneration*）一書中，指責新女性帶來的性別錯置，並認爲這預告了國家卽將面臨毀滅。當時的知名雜誌《潘趣酒》（*Punch*）便取笑受過高等教育、追求獨立自主的女性，都是一群嫉妒心強、見不得人好、嫁不出去的剩女（spinsters）。[188]

維多利亞時期對女性的要求便是在家相夫教子。一首一八五四年的詩〈家中的天使〉（The Angel in the House）便反映出當時對女性的期待：忠貞及奉獻。對丈夫忠貞、爲孩子付出、爲家庭貢獻。因此，新女性必須被社會所撻伐。巴茲威爾以著名的吸血鬼文學作品《德古拉》（*Dracula*）爲例，並比較了其中的兩位女性角色：露西·偉斯特拉（Lucy Westenra）與米娜·莫瑞（Mina Murray）。露西就是新女性的代表，在被德古拉變成吸血鬼前，她毫不掩飾自己擁有強烈的性慾，且不甘只擁有一位性伴侶。最後，她在朋友面前被自己的丈夫以木樁插入心臟而死。相反地，米娜也是位受過教育的女性，聰明獨立，但在婚後願意成爲忠貞的妻子，爲家庭奉獻，因此逃過了與露西相同的悲慘命運。[189]

在不少人眼中，新女性似乎和道德淪喪畫上等號。她們在衛道人士眼中是驚世駭俗的——行爲舉止像男人，老菸槍，且抱持著不生主義，又討厭小孩，完全和母性背道而馳。甚至連以騎腳踏車來追求行動自由的女性，都受到不少男性的撻伐，更遑論以性解放與獨立爲中心的新女性了。當時的社會也認爲，女性擁有強烈的性慾，甚至是擁有多位性伴侶，這和達爾文所提出的理論是相違背的：「雌性，除了極少例外，不像雄性那麼渴慾……她更加害羞，而且依據觀察，常常長時間盡力逃避。」雄性競爭、雌性選擇，這是人的天性，因此社會才是由男性掌控，而試圖衝破這個定律的新女性，便是在做違反天性的事。

PASSIONATE FEMALE LITERARY TYPES.
THE *NEW* SCHOOL.
Mrs. Blyth (*newly married*). "I WONDER *YOU* NEVER MARRIED, MISS QUILPSON!"
Miss Quilpson (*Author of "Caliban Dethroned," &c., &c.*). "*WHAT? I* MARRY! I BE A *MAN'S PLAYTHING!* NO, THANK YOU!"

〈熱情的知識新女性〉（刊登於《潘趣酒》雜誌上的嘲諷漫畫）
布里斯太太（從來沒結過婚的剩女，被描繪成又老臉上又長滿鬍子）：「奎裡潘恩小姐，我想知道為什麼妳不結婚？」
奎裡潘恩小姐：「什麼！？結婚！我才不要成為男人的玩物，謝謝再聯絡！」

女性投票＝性別角色崩潰？

新女性的風潮在十九和二十世紀之交漸漸沒落，但緊接著而來的是遍地開花的女性投票權運動。以英美爲例，女性爭取投票權的運動在當時的社會引起極大反彈。不只是男性，有更多保守女性認爲舊秩序不可被改變，因此反對女性爭取投票權。而這些恐懼都是源於對性別分工模糊的懼怕。

女性若擁有投票權，下一步是否就會搶了男性的工作？

如果女性和男性一樣，擁有相同權利，那男女除了生理之外還有什麼差別？

這些問題及反對的核心，其實是男性擔心性別優勢的消失，進而導致性別錯置，變成女性從事男性的工作；反之，男性會成爲他們不喜歡的被支配者，在家相妻教子。一張反對女性投票權的海報描繪了一位滿臉嚴肅的婦女坐在椅子上看報紙，而站在一旁的是她的丈夫，正滿臉怨懟地清洗衣服；而另一張海報則是開宗明義地寫著：「千萬別跟一位支持女性投票的女人結婚！」畫報中的女人正站在椅子上替門刷油漆。而在另一張反對女性投票的海報中，描繪了一位穿著暴露的女性要競選市長，表達女性參政的荒謬。這些反對女權的海報千篇一律地抨擊女性正在從事男性該做的事，或說是傳統觀念裡「只有男人能做的事」，並鼓吹大眾不要支持女性投票權，否則從家庭到社會的分工都會被顛覆。

這就像是大聲地對男性觀眾呼籲：各位男士們，這就是你們以後想過的日子嗎？

除了這些老嫗能解的海報之外，不少論述也反對女性投票權。大部分的討論都從女性的天性下手，直指女性就是不適合擁有投票及參政的權利。有些論述甚至從鼓吹女性先天的能力出發，認爲女性比男性更好，但其天生具備的慈愛及母性是穩定社會的重要力量，因此不適合參與充滿陽剛特質的政治。接觸政治只會讓女性的母性消耗殆盡，對社會不利。ＢＢＣ新聞在二〇一八年的報導挖出了一九一七年的英國男性議員如何反對女性的投票權。議員菲德烈．波柏里（Frederic Banbury）

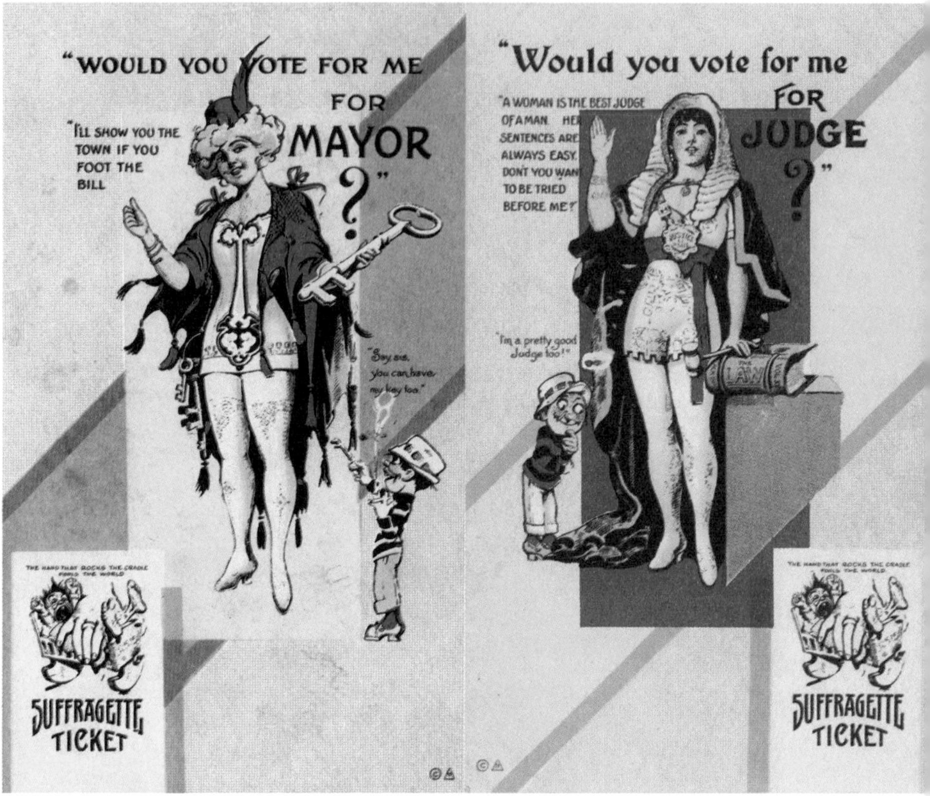

左側明信片為一穿著暴露的女性，頭上的設計對白為：「你要不要選我為市長呀？只要你幫我付帳單我就帶你參觀城市唷！」

右側明信片描繪另一穿著暴露的女性，頭上設計對白為：「你要不要選我為法官呀？女性是男性最好的法官！因為我們判刑期都會給得很輕很簡單。你難道不想被我這種人審判嗎？」

認爲，女性容易被如浪潮般的情緒影響，因此不適合投票。另一位抱持相似看法的議員約翰．里斯（John Lees）也表示，女性容易見異思遷、喜新厭舊，因此不適合參與政治。[190] 以今日眼光來看，這樣的論述當然令人啼笑皆非；但事實上，這樣的思想還是深植在不少現代人心裡。例如台灣曾有出版社編輯公開在社群媒體上提到，不少擔任網路小編工作的都是女性，而這些女性缺乏歷史感，卻對時尚的嗅覺敏銳，並且認爲女性的歷史感整體不如男性。回頭看看英國國會議員在一九一七年說出的話，我們可以發現，性別的刻板印象不斷地流傳下來，有許多人至今仍然相信「天性說」，讓人不禁懷疑現在是一九一七年還是二十一世紀。

除了「天性說」之外，當然還有許多稀奇古怪的理由。其中，議員查爾斯．亨利（Charles Henry）的發言，就比較能反映歷史上家父長及男性支配女性的觀點。他認爲支配及控管女性是男性的職責，男性不可輕易地把這責任丟掉。這種論述與長久以來的女性地位相符合——除非是寡婦，否則一位女人永遠都會處在另一個男人的監護之下，而控管女性也是家父長在行使男性獨有的權力時很重要的元素。另外，議員羅蘭德．杭特（Rowland Hunt）則表示，由於女性都會戴著大帽子，因此如果讓女性進入國會或投票，男人在面對大帽子時會手足無措。[191] 杭特的理由或許讓人感到荒誕，但這也說明了，對政治的支配權自古以來就是男子氣概中很重要的一部分，是男性的專屬領域，非男勿入。在歷史上，除了少數的貴族女性以外，政治都是女性的禁忌領域。但在面對想擁有投票權、在政治上有話語權的女性時，不少男性擔心恐懼，因此不論理由有多荒謬，他們都得反對女性擁有投票權。

包著醫學的糖衣抵制女權

在所有反對的論述中，最有力的莫過於「天性說」，因爲它可以跟醫學一搭一唱。學者麥可．金麥爾（Michael S. Kimmel）指出，當時不少「衛道人士」會拿著自然法則及醫學的令牌，宣揚女性就該做女性的事，因爲這就是她們與生俱來的特質。一個支持只有男性能投票的美國組織則認爲，女性若能夠投票，會在生理以及心理上對婦女同胞造成傷害——她們的身體會越長越大，腦袋也會變大，最終失去女性的特徵。他們還抨擊支持女性投票權的男性，直指他們都是叛國者，想把國家變得女性化而失去力量。我們從這點再次看見，當時的人將男性比作優秀的支配者，而任何會玷污屬於支配者的東西都是不好的。一位名爲約翰·陶德的男性便在一八六七年寫到，任何支持女權進步的行爲都有危險，因爲我們正在逼迫女性承受她無法承受的責任。這個意思是，女性的腦及心智天生就無法像男性一樣承擔責任；而女性天生必須擔當的角色——「家庭中的天使」——就會墮落，變成家中的惡魔。這種包裹著醫學及自然外表的論述，在當時屢見不鮮，甚至利用人們對於醫學的信賴，來抵制女權運動。[192]

作家亨利·詹姆斯（Henry James）在一八八六年的《波士頓人》（*The Bostonians*）中便寫道：「整個世代都變得女性化，男性氣質正在漸漸消失，世界充滿陰柔、緊張、歇斯底里、聒噪。美好的男性特質——勇敢、責任、冒險、智識，這些都在消失……。」[193]而對於日漸消逝的陽剛氣質的焦慮，甚至反映在家庭教育中。不少人主張，應該從家庭教育開始，就分開教導男性跟女性，以防止男性變得女性化，甚至有必須把圖書館內男性作者的書和女性作者的著作分開的激烈言論出現。[194]

可想而知，擔心男人女性化的背後有個更深沉的擔憂：男性同性戀，這個被基督教所痛恨的現象。社會上出現不少支持男女分開教育的聲音，是因爲讓兩性混合在一起，只會讓性別的分界更加模糊，因此必須讓男性杜絕與女性的接觸，並藉由男性之間的朋友之愛，打磨出最純粹的男子氣概。

支持女權的男性支持者

但學者金麥爾也指出，還是有不少支持女權運動的論述。這些人認爲，科技是不斷進步的，因此社會也要不斷進步，才能跟得上「現代社會」的腳步。事實上，正是因爲父權社會壓迫女性，才讓男性的處境越來越艱困，所以支持女性才能眞正爲男性帶來好處。作家格林・王爾德（Green Wilder）便相信，未來的社會是平等的，卻不盡相同——既多元卻又互補；男性爲女性而生，女性也爲男性而生。另一位支持女權的男性作家馬克思．伊斯特曼（Max Eastman）也說到，必須讓女性完全根據潛能發展，成爲完全的人，這樣她們才會開心，而當女性開心了，兩性的未來才會更好。除了支持投票權，這些男性也支持女性的戀愛、婚姻乃至生育的自由，認爲女性可以選擇避孕。當兩性都擁有自由後，才能生出開心、快樂的後代。[195]

或許，最能支持女權運動的詩是佛洛伊德．戴爾（Floyd Dell）的作品。他在詩中形容，沒有權利的女性就像被關在箱子裡，而被放出箱子的女性則能適性生長。男人愛的不是受束縛的女性，而是在箱子外開心自由的女性。[196]

反對女權運動的力量，可說是男性對於自身男子氣概消失之後該何去何從的焦慮。畢竟，男子氣概是一個相對於女性特質而存在的概念，兩者相依相存，若其中一個消失，另一個便不復存在。十九世紀末至二十世紀的女權運動撼動了長久以來的父權社會，並讓男性恐懼舊秩序的崩解，害怕自己會失去支配者的角色，在一夕之間變爲「被支配者」。不過也有不少男性像王爾德一樣，一眼看出男子氣概實際上也是壓迫男性的口號，而只有當我們眞正放棄何謂女性特質、何謂陽剛特質的主張，才能減輕男性長久以來背負的壓力。兩性平等的社會是一個到現代都還未能眞正達成的目標，但最好的詮釋，或許還是來自於伊斯特曼的那句話：只有當兩性都自由後，我們才能更開心。

而沒有什麼是比開心更重要的了。

此圖描繪妻子翹著腳看報紙，丈夫則在旁邊洗衣服，明示性別分工倒置。

187 'British Library', last accessed on 25 April, 2021, https://www.bl.uk/romantics-and-victorians/articles/daughters-of-decadence-the-new-woman-in-the-victorian-fin-de-siecle#footnote1

188 Ibid.

189 Ibid.

190 'BBC News', last accessed on 7 June, 2021, https://www.bbc.com/news/uk-43740033

191 Ibid.

192 Michael S. Kimmel, 'Men's Response to Feminism at the Turn of the Century', Gender and Society, 1.3 (1987), 261-283.

193 Ibid., 269.

194 Ibid.

195 Ibid., 272-274.

196 Ibid., 275-276.

終章

有毒的男子氣概

從古希臘到第二次世界大戰，男子氣概的定義就不斷在流動，但事實上幅度並不大。在啟蒙運動之前，體能上的優勢及出色的軍事能力占據了霸權陽剛的位置。即便是在飽受男性危機的中世紀神職人員身上，我們也看見他們對於霸權陽剛的渴望。啟蒙運動後興起的「有禮」，雖然降低了男性以體能及軍事占據統治權的傳統，但仍能看見社會對於過往尚武風氣的懷念，使得男性最原始的體能優勢不斷地被強調。這種種現象讓人不禁想提問：為何在西方的傳統裡，肌肉男、尚武風氣一直是男子氣概的核心？又為何中國的傳統卻是重文輕武，而非將體能上的優勢視為男人最重要的特質？

這個問題需要更多學者一起來研究，或許是因為歐洲從古希臘羅馬時期就一直處在戰爭狀態，政權或國家的生存皆仰賴軍事能力，因此特別強調男性最原始的本能——以暴力及衝突來解決問題。這個問題也點出了影響當代男子氣概的源頭。現今幾乎全球都受到歐美強勢文化的影響，因此我們對於男性的標準都是跟著歐美走。即便是在二次世界大戰後，全球進入了相對和平的時代（當然，不少地方至今仍是烽火連天），但強調男性過人體力的健身習慣也在這幾年蔚爲流行，甚至影響到了女性，人人都在追求力與美。若以這點來看，二〇二一年的我們，跟西元前一千多年的特洛伊戰爭時期的人們相去不遠，都認爲身材健壯、武力過人的男子特別man。而當代對男性的要求，幾乎就是古希臘至今所有霸權男子氣概的綜合體。這點也反映在近年的影視文化上。不少戲劇把男性描繪成武力過人、能文能武、課業超群、霸氣總裁，並且要對女性有騎士精神、紳士風範、英雄救美、自我克制，還要體貼顧家，支持性別平權等等。但現實中，這樣的男性幾乎不存在，我們在當代對男性的要求裡看見了歷史共業，看見男人從何而來。

父權體制所崇尚的男尊女卑，不只是在剝削女性，也剝削男性。當代不少心理學家都提出，在父權體制扎根越深的地方，越容易出現「有毒男子氣概」（toxic masculinity）的現象。「有毒男子氣概」意指因爲深信性別刻板印象及父權，而導致厭女、貶低女性、暴力等行爲。若仔細檢視當代對於男性的要求，就能發現，我們對男性的要求不亞於加諸在女性身上的壓力。不少男孩小時候都被告誡「是男生就不准哭」、不要過多地表現自己的情緒、不要輕易地表現出脆弱的一面等等，這都導致不少男人不知如何抒發壓力及情緒、不知道自己有示弱的權力，等到累積至臨界點，就會以暴力的形式抒發。甚至是在展現各自的性吸引力時，男性也要不斷地透過「公開展示」（public displayed）才能證明自己的男子氣概。從最原始的第二性徵來看，女性不做什麼就可以自然發育出胸部、腰和臀的線條（不論胸臀大小、腰的粗細），女孩要成爲女人看起來很容易；但男性就不一樣了：六塊腹肌、強健的雙臂及寬闊的胸膛，都是要經過努力才能得到。而從歷史來看，每一位被稱爲勇猛戰士的男性，都必須在公開場合戰鬥，讓他人看見自己的勇猛，才能得到「眞男人」的稱讚。男子氣概是一個要透過奮鬥及公開展示才能得到的勳章，而這是在論述性別時，容易被遺忘的一部分。

男性必須在外追求表現，這是因爲能否夠格被稱作男人，是由社會大眾來決定，而不是自己。這也造就了多數男性成爲家中主要經濟來源，因爲在外力求表現，是一個男人該做的。我們認爲家庭主婦很正常，但家庭主夫卻常遭受異樣的眼光，也會被懷疑是因爲能力不足，才不能養家。就這點來看，這和十八世紀勞工階級男性所遇到的困境相同，只是過了兩百多年，我們還是未能從父權體制跳脫出來，相信男女一樣有能力養家，也相信男女擁有同樣的權利，能自行選擇待在家打理一切。台灣在二〇二一年一、二月申請育嬰假的男女比例，女性是男性的五倍。由此可見，男女兩性離工作及家庭照顧場域的性別平等，還有一大段路要走。[194] 對於無法獨力養家的男性，社會多以「不算個男人」、「吃軟飯」來形容；相對地，女性不用去承擔這個罵名。不會有人怪罪女性無法養家，只會跟她們說：「沒關係，找個有錢的老公嫁了就好。」這樣的論述背後還是根深蒂固的父權思想：女性就是沒有男性優秀，所以許多責任交給男性來扛就好。偏偏我們的文化又教導男性不可以太常抱怨，否則就跟愛發牢騷的女人一樣。因此，當女性疾呼著爲自己爭取權利時，多數男性對於自身的壓迫依舊選擇沉默。

是男人就吞下去，別抱怨。

從歷史來看，男性不見得是被明顯壓迫的那群人，但有很大一部分的男人都在默默吞忍父權體制的壓力，導致當代不少男性對於「性別平權」四個字反感，認為人人都只看見女權，卻沒有看見男性的苦楚。藉由追溯我們的社會文化是如何讓男人成為男人，希望可以讓讀者看見長久以來歷史鮮少去談及的男性，以及我們今日所定義的男人究竟從何而來，並且對男性多一點理解。

社會未來對於男人的定義到底會往哪個方向走，目前尚不得而知。但正如本書所說，男子氣概的定義是浮動的，或許我們能夠期待，在兩性平權觀念逐漸普及下，未來的男性能夠走向不同的道路。

致謝

這本書的生成要感謝學界一直以來照顧我的師長，林美香老師、汪采燁老師、周百里老師、李建良老師、吳宗謀老師，也非常感謝當初帶領我入男子氣概這領域的愛丁堡大學 Bill Aird 教授。請原諒我在此無法一一列出所有在本書完成路上的所有貴人，但感激之情滿溢。最後，要感謝編輯怡慈，能和妳一起做性別的書，就是我繼續在這條路上走下去的動力。

SPOT 28

有毒的男子氣概
從希臘英雄到現代新好男人，歷史如何層層建構「男人」的形象

作者／盧省言
責任編輯／陳怡慈
外部協力／黃亦安
美術設計／朱疋
圖片出處／（Daderot）第 65 頁；（達志圖庫）第 73、76、89、90、91、162、163、177、180、183、192、216、236、240、253、256、263 頁；（Shutterstock）第 170 頁

出版／英屬蓋曼群島商網路與書股份有限公司台灣分公司

發行／大塊文化出版股份有限公司
台北市 105022 南京東路四段 25 號 11 樓
電子信箱／ www.locuspublishing.com
服務專線／ 0800-006-689
電話／（02）8712-3898
傳真／（02）8712-3897
郵撥帳號／ 1895-5675
戶名／大塊文化出版股份有限公司

法律顧問／董安丹律師、顧慕堯律師

總經銷／大和書報圖書股份有限公司
地址／新北市新莊區五工五路 2 號
電話／（02）8990-2588 傳真：(02)22901658

製版／中原造像股份有限公司

初版一刷／ 2021 年 8 月
初版三刷／ 2023 年 5 月
定　價／新台幣 480 元
ISBN ／ 978-986-06615-4-5

有毒的男子氣概：從希臘英雄到現代新好男人，歷史如何層層建構「男人」的形象 / 盧省言著. -- 初版. -- 臺北市：英屬蓋曼群島商網路與書股份有限公司臺灣分公司出版：大塊文化出版股份有限公司發行, 2021.08
面；　公分. -- (Spot ; 28)
ISBN 978-986-06615-4-5(平裝)
1. 男性氣概 2. 性別研究 3. 男性 4. 歷史
173.32　　110010703